美国房地产开发设计手册系列

工业房地产分类指南

（原书第二版）

[美] 约翰松·L. 亚普　勒内·M. 西尔克　编著

北京联合译盟翻译有限公司　译

北京城市节奏科技发展有限公司　中文版策划

GUIDE TO CLASSIFYING INDUSTRIAL

中国水利水电出版社
www.waterpub.com.cn
知识产权出版社
www.cnipr.com

项目组成员

拉凯利 ·L. 莱维特

(Rachelle L.Levitt)

高级副总裁，主管政策和实施，出版商

盖尔 · 贝伦斯

(Gayle Berens)

副总裁，主管房地产开发实施

安妮 ·B. 弗赖

(Anne B.Frej)

总监，主管写字楼与工业房地产开发，项目总监

南希 ·H. 斯图尔特

(Nancy H.Stewart)

主任，主管图书计划，总编辑

劳拉 · 格拉斯曼

(Laura Glassman)

出版专业有限责任公司，版面编辑

贝齐西 · 范巴斯柯克

(Betsy VanBuskirk)

美术编辑兼书籍设计

海伦妮 ·Y. 雷蒙 /HYR 平面设计公司

(Helene Y.Redmond/HYR Graphics)

设计、排版、封面设计

迪安 · 斯坦利－奥斯汀

(Diann Stanley－Austin)

出版事务主任

美国城市土地利用学会

美国城市土地利用学会（The Urban Land Institute，简称 ULI），是一家由其成员支持和运作的非营利性的教育、研究机构。其职责是为土地的利用提供可以信赖的指导，以提高整体环境水平。

ULI 一直资助教育计划和论坛，以鼓励开放式的国际学术思想交流和经验交流；发起对可能出现的土地利用趋势及问题的研究，并在这些研究的基础上提出有创造性的解决方案，提供咨询服务，并出版大量涉及广泛的研究资料，以推介土地利用和开发方面的信息。

ULI 成立于 1936 年，目前已拥有来自 60 余个国家的 18000 名成员，他们的研究涵盖了土地利用和开发学科的各个方面。

美国城市土地利用学会会长
理查德 ·M. 罗桑
（Richard M.Rosan）

关于第一工业房地产信托公司

第一工业房地产信托公司是美国国内最大的多样经营的工业房地产供应商。其业务范围相当广泛，包括在全美国各地的主要工业市场建造、购买、销售、出租以及管理各种工业设施。

对于工业房地产的关注使第一工业房地产信托公司可以在工业房地产方面提供专业的意见。由于在各种类型的设施方面都很专业，所以该公司可以得天独厚地在其运营的任何策略市场中为客户配送网络中的每一个关键环节提供服务。公司的房地产由地方员工管理，他们为客户提供更多的服务，并可以及时应对美国国内的市场机遇。

为满足美国公司复杂多样的需求，第一工业房地产信托公司推出名为“整合工业法”的综合性服务项目，为工业房地产的需求提供整套解决方案，其中包括：按需开发、再开发、工业设施出租、个体承租人／用户销售、销售／反租业务，以及剩余资产购置。公司利用这个项目管理其运营平台和专业化员工，使其可以为满足复杂、多元化市场供应链再配置的需求提供综合性解决方案。

总裁兼首席执行官
迈克 ·W. 布伦南

致 谢

《工业房地产分类指南》一书最初是由第一工业房地产信托公司构思创作，作为向其客户和其他涉及工业房地产开发和投资的人们介绍多样化工业房地产的资料。本书第一版得到了肯定，并被公认是填补了工业房地产分类的一个空白。基于此因，我们决定发行第二版。本版在第一工业房地产信托公司和 ULI 的合作下得以出版，面见广大的读者。

特别是在前期工作中，我们得到了许多个人和组织提供的资讯和创作方面的帮助。在整个过程中都得到了第一工业房地产信托公司总裁兼首席执行官迈克 · 布伦南的指导与鼓励。公司成员也为我们提供了覆盖全美国 25 个主要工业市场的信息和地方市场专业意见。我们还要特别感谢公司内对本书进行审阅和提出宝贵意见的高级管理人员。

一些专业人士提供了宝贵的建议。仓储论坛的肯 · 阿克曼（Ken Ackerman）、圣昂格（St.Onge）公司的迈克 · 琼斯和普华永道会计师事务所（PricewaterhouseCoopers）的史蒂夫 · 洛波绍（Steve Laposa）也对我们进行了指导，并在物流和供应链管理领域提供了重要的技术信息。华盛顿大学的詹姆斯 · 德莱尔（James DeLisle）曾在本书第一版的创作中给予了帮助，现又为第二版撰写了前言。西北航空公司的科尔德 · 威廉斯提供了空港建筑与机场飞机库的平面图。SSI-Schäfer-Noell 公司提供了货架式仓储建筑的平面图与图片。Eckenhoff Saunders 联合事务所的史蒂夫 · 桑德斯（Steve Saunders）和联合保险公司的 Mark Leszczewicz 提供了有用的背景资料。感谢 Lerner 开发集团的马克 · 哈辛格（Mark Hassinger）和 AMB 房地产公司的大卫 · 特威斯特（David Twist）审阅了本书的底稿，并就工业房地产的发展趋势发表了自己的见解。

ULI 的写字楼与工业房地产开发项目总监安妮 · B. 弗赖在本书的修订过程中给予了指导。她的修改意见与增加新内容的建议都使本书有了提高与更新。政策与实施高级副总裁拉凯利 · 莱维特和 ULI 的房地产开发实施副总裁盖尔 · 贝伦斯也给予了我们很重要的建议与鼓励。

本书的第一版由维多利亚 · J. 贝克编辑，第二版由劳拉 · 格拉斯曼编辑，南希 · H. 斯图尔特担任总编辑、总制作。原设计和图表由 BHI 设计公司调整完成。贝齐西 · 范巴斯柯克和海伦妮 · Y. 雷蒙设计定版。

约翰松 · L. 亚普

勒内 · M. 西尔克

第一工业房地产信托公司

伊利诺伊州芝加哥

目录

前 言

需 求

本书提供了一种较现有工业房地产分类系统更为确切的方法，为推动机构房地产的发展起到了重要的作用。当投资者、理财经理和开发商在变化迅速的市场中寻求新的、可持续性的商机时，当土地使用者寻找最佳的房地产解决方案时，本书所具有的精确性就会显得异常重要。对于伺机抓住有吸引力的风险调整后收益的投资者来说，至关重要的是要了解各种工业房地产风险收益参数的精确计算方法究竟是什么。知道了这种方法以后，他们就可以相对于其他房地产类型作出更为正确的工业部署决策。这些参数还有助于投资者探究市场的低效率，使他们认识到不同的工业类型对不同的市场作用力有不同的反应，从而重新审查其工业投资策略。对于开发商来说，对于工业房地产类型的精确分类有助于他们使建筑迎合承租人的需求，扩大销路。他们可以提供更适合于承租人特别需求的定制方案，减少不必要的成本。对于使用者来说，在较短的时间内挑选出最适合其特定需求的房地产，可有助于提高生产力、增加公司的收益。

更具生机的市场

一些机构投资者和开发商将仓库视为相对安全、保值的投资项目，认为可以得到有竞争力的收益，且风险性较小。事实上，长期以来，工业房地产比起那些较为活跃的房地产，如写字楼、零售店或酒店，更能够通过其相对被动管理的核心策略，为投资者提供更为稳定的风险调整后收益。不过，虽然有这样的经验之谈，但并不能就此认为这样的优势可以在将来保持不变，因为工业房地产市场的变化取决于多个方面，其中包括空间需求上的结构变化、生产与配送渠道的变化、物理与位置元素方面产品多样化的增长等。结果需要以更为策略化、前摄性的方式来寻求工业房地产的发展与投资，以确保持续的成功。最终，通过领先的知识管理和数据挖掘已可以更为容易地探寻出市场中的低效率所在，从而切实、有效地把握住了进军潜在市场的机会。

空间需求的结构变化

在过去几十年里，工业空间需求的变化可以归结为几大因素，例如：生产工艺的改进，自动化和计算机辅助设计与生产带来的生产力的提高、仓储追踪与预测技术的增强等。这些改变大多都彻头彻尾，所以无法用过去的工业趋势或出现的模式来预测房地产将来的结果与影响。因此，定量的、按时间顺序进行的趋势分析必须辅以定性分析，尤其必须将结构变化列入考虑范围内，因为那些变化并没有均衡地在工业市场的各个部分发生，并且由于信息滞后、躲避风险的策略，那些变化造成了市场的低效率。例如，由于害怕被滞销的房地产绊住手脚，许多机构房地产投资者都采用了风险管理策略，限制对现代最先进的设施的投资。虽然这一步走得似乎很谨慎，但事实上可能会导致资本驱动的错配，令开发商在承租人要求的基础上过分修建或改进工业设施。既然不同类型的承租人对结构作用的反应差别很大，那么为避免功能上即将过时的投资项目，转而专注于“现代”设施的策略就会造成不真实的安全感。在没有弄清不同需求的群体对空间的特定要求的情况下，开发商和投资者很可能错误地选择了工业房地产。理论上，这样的结果只会是吸引来的看客多而实际需求却很少。特别是当投资政策忽略了特定市场在更为广阔的生产和配送系统中所扮演的角色时，这种结果将更易产生。最终，在新经济下，许多公司的根本关注点加强了对专业化、以客户为中心的解决方案的需求。知道了将“独特”的房地产进行分类的方法，就可以提升方案的操作性，在无须投入大量资金进行修整的情况下，可以对房地产的用途进行转型。这样，空间与时间关系部分就可以被缩减，省去了额外的资本花费。对于工业房地产更确切的分类使得开发商和投资者可以建造、设计、购买客户认同的更优质的产品，创造一种求大于供的市场优势状况，比起那些认为一种类型可应万变的进军同一市场的商家来说，面临的竞争就小多了。

除了要了解变化的空间需求以外，投资者和开发商还应在工业房地产决策方面提高能力。有了这样的能力，分析者就可以更好地预测空间与时间、资金与时间相互关系条件下的房地产需求，兼顾成本、目标与变化的房地产的抉择。例如，承租人对空间的需求可能是让房地产与公司需求相适应，但现有的租约条款、财政来源、决策模式和其他方面的因素却可能对这样的决定起到妨碍或是推迟的作用。而在另一种情况下，两家公司的合并必将导致一方的财产被剥夺，获取利益和企业文化占据主导地位的一方更多地掌控决策的权力，而不再遵循客观的空间需求或业务流程等方式。破产和被迫重组也可能导致一种情况，在这种情况下，无论是个人投资还是集体投资形成的拥有或承租都可能会遭遇始料不及的失败。未能发现承租人所体现出的内在商机——或是已有的，或是潜在的——都可能削减空间投资组合的可信赖性，使其在一个特别的部门（如技术或电信部门）或一家公司（如安然公司、统一货运公司），或是两者都内爆时，面临系统风险。虽然这样的失败是由外因所致，无法预见，但是投资者和开发商可以采用多样化策略确保其严密性，以减少对遭受系统风险的需求部分的依赖性。这样的策略可以让开发商和投资者避免持有那些需求有限或需求无力的功能上滞销的空间。房地产经营者在了解了主要承租人群的业务流程后，应可以与他们建立更为策略性的关系，取得更为成功的合并，提高纵向整合服务。

产品多样性增加

无论是在开发和所有权结构上，还是在实物资产上，仓储设施的供给功能都产生了巨大的转变。例如，由于建造新设施所需的时间相对较短，使用在册的“具备资格”的土地的成本相对较低，开发商通常都会在得到承租人的承诺之后才开始建造新设施。一

前　言

般情况下，他们都是地方开发商，掌控着相对来说较为有限的工业土地的供给。在当前的商业周期内，这种供方灵活性是节约要素之一，使得工业房地产对供应的增长可以作出快速反应。在过去的10年里，工业房地产开发商在许多市场领域都已发展成为规模大、资本雄厚的地区性乃至全国性的商家。这些商家无论是公有还是私有，都很乐于承担更大的开发风险，建造投机性房地产设施。这种策略已经致使过度建造的周期更频繁，且数量较大，超过了先前的工业房地产部门的长期平均数。

更多有经济头脑的开发商和投资者能够更进一步地洞察到承租人的需求和工业房地产的发展趋势，因此他们已将发展方向转向了更专门化的设施开发项目上。于是，各式工业房地产设施增加了，带来了各种投资和开发的机会。为了在越来越复杂、越来越活跃的商业环境下保持竞争力，空间使用者一直追求在效率和生产力方面的提高，因此这种产品的多样化还会不断加强。这些转变也使得历来所使用的主要的工业房地产功能分类，如仓储类、制造类、研发类等，都显得概念过于广泛，无法准确地洞察整个工业房地产市场的结构。虽然大多数工业房地产确实可以被归入这三大类，但这样的类别标准不一，无法将其归组。而在这些主要类别里，大量子类则是根据截然不同的价值驱使与市场功能来划分的。如果不了解这些区别，分析者和投资者就无法精确地判断出市场的平衡点，还有可能错误地理解相对的供求平衡的表象。例如，虽然在某个特定市场上整个仓储设施都处于供过于求的状况，但专项小类别仓储设施供应急缺的现象却依然存在。不同工业层次的生产周期有很大的差别。这些周期差别是由制造方面的因素造成的，例如，建造大型设施的阻碍，以及延长开发工时和有资本限制的特定设施的高成本等。

调查收益性增加

了解工业部门日益分离的供求关系是一项艰巨的任务。然而，市场的转变已导致了被动的方式，这种方式只注重那些预估风险或收益相平衡的核心工业房地产。全面开发和投资工业房地产仍然是有利可图的，但还是会比不上更具策略性的方式，因为这种方式可以作出快速反应，以应对由广阔的商业趋势和供应链再配置产生的快速变化的市场需求。

在信息获取和分析处理方面，房地产市场现已变得更有效率。这对于工业房地产的商家来说可是个好消息。在某种程度上，之所以可获得更为精确的数据，是由于出现了公众参与的内容，如房地产投资信托和商业抵押贷款债券。同时，互联网和其他技术革新极大地丰富和方便了房地产及市场方面数据的提供。这些数据的可获得性，以及获取数据并进行分析的方式（如相关的数据库、统计模式、图表信息系统等）的进步，已实现了在获取更多的信息后再作出决定的可能性。不过，利用这些先进方法的前提之一是要先将整个工业房地产部门进行更有实用意义的分组，如此才能对这些数据进行分类、分析，并通过商会和第三方卖方进行信息的传播。利用更为确切的数据，投资者就可以制定优于一般性方法的更为精确的投资策略。

更为复杂的分类系统除了有助于开发商和投资者通过已改进的方式获取工业房地产方面更精确的公共信息以加强工业方面的绩效外，还可以帮助运用专有的时空和现金的数据作为工具的更大的投资者、经营者或协会，在更为广阔的市场上有更突出的表现。一旦这些数据被详细筹划成为实用的工业类别，那么数据管理、数据发掘和数据分析工具就可以用来制定投资策略，以探究出信息的低效率——特别是在工业房地产方面，许多被动的投资者只满足于对主流、核心房地产、行销市场和承租人的关注。投资者和经营者可以了解他们的现有客户和运营效率，得到辨别新的主动性和适宜位置的能力，从而巩固其竞争优势，并开拓出新的市场。

进行分类的各项要求

近几年来，对于更精确、更明了的工业房地产分类系统的需求已凸显出来。这个系统必要的细节在于几个关键的思考点上，以使分类既不至于过少，也不会过多。

- 第一，分类应包括在功能结构要素上有对比性的房地产，使它们在结构和空间属性上都区别于其他类别。
- 第二，每个类别都必须包括清晰的供应、需求和投资行销程序，既适用于供求作用关系的空间方面，也适用于定价和吸引投资者关系的资本方面。
- 第三，各个类别都是有意义的，具有影响投资绩效的基本共性。总之，这些影响力应该可以识别风险与收益的特性，具有可衡量性和可预测性。此外，这些类别的意义还体现在，在了解和将个别的或集合的绩效方面的特性组合起来后，市场将得到相应的回报。
- 第四，分类系统应全面，可以包罗全部工业房地产范围。
- 第五，以市场大小与投资机会来衡量各类别必须是有重大价值的。也就是说，每个类别都应包含显著的财产水平。除市场大小问题以外，每个类别都还应包含大量的投资机会，了解房地产类别的细微之处后增加的严密性对成本与收益的权衡产生积极的作用。了解了房地产成本密集的特征后，这种考量就显得更为重要，因为决策者在愈加复杂和活跃的商业环境里，随着时间的推移，是与其作出的种种选择共存亡的。
- 第六，分类系统应该具有可靠的参考性，可以在合理的预测期间进行精确分类。其分类标准至关重要，可以避免由于不断地变化系统而影响时间性数据的收集。而这些数据是需要用于考核先前的绩效，并为今后的运作预测作参考的。

前 言

投资的考虑因素

对于投资组合管理程序的探究证实了本书提出的分类系统的重要性。大多数机构房地产投资者把工业房地产投资看作较大规模房地产投资的一个子集。而较大的房地产投资组合则是更广的复合资产投资组合的一个部分。通常，房地产投资是一个复合资产投资组合的一部分，而复合资产投资还包括其他的资产类别，例如股票和证券。对于投资者，更佳的绩效和多样化都是投资组合管理要考虑的重要内容。因为房地产与其他资产类之间的关联作用相对较少，所以它提供的多样化效益，有助于稳定整个投资组合的收益。在复合资产投资组合中，投资者为每一个范围相当广泛的资产类别制定策略。这些策略提供了整体的框架，使每一个部分都得到管理，并为各个公司或是投资的产品提供了选择的指南。

在管理房地产投资组合的过程中，许多投资者都采用与复合资产投资组合管理相类似的程序。殊不知，投资组合建设与管理的指导策略的范围是因投资者而异的。对于房地产投资组合共有两种对抗的管理方法。自下而上的方法关注的是个体资产，确保资产在大小、质量、市场和位置方面都显示出稳固的基本要素。自上而下的透视法的重点在于确保在资产类型和市场上保持适当的资产组合。如今，要长期保持风险调整后收益的最大化，综合两种方法的必要性就日趋明显了。有利的分类系统可以兼顾这两种方法，使运用自上而下方法的投资者可以制定更为复杂的资产分配策略，而让运用自下而上方法的投资者可以制定更注重某个部分的政策，依靠经验对个体投资决策进行指导。

认识到多样化的重要性后，大多数机构房地产投资组合都会包括对主要资产类别的资产分配。在当前的市场上，常用的房地产投资组合包括 30% ~ 40% 的写字楼房地产、20% ~ 30% 零售业房地产、10% ~ 20% 工业房地产、10% ～ 20% 公寓房地产以及 10% ~ 20% 其他房地产（如国际性房地产、酒店、林业和农业地产）。有了这个基本的结构框架，投资者就可以在了解和期望基于风险调整的相关绩效的基础上，制定针对具体部分的策略，着重对小部分的分配（如在街道、社区、区域或超区域型购物中心中的零售的分配）。

工业房地产项下有三个类别：仓储类、制造类、研发类。许多私人投资者对核心的机构类工业房地产范围的理解有所局限，只将仓储类和轻工业制造类列入其投资组合中。他们只注重核心工业空间这个适合于不同使用者的类别，认为这样可以避免那些独特的、限定性的设施——这些设施或是招租吸引力弱，或是需要额外的资本支出，却不能在最初的租赁期内得到分期偿还。投资者也会基于办公楼的装修和结构设计方面（如顶棚的高度、装卸台高度、可分性）对核心工业的投资进行分类。举例来说，一些机构投资者对于核心工业房地产的概念就是顶棚要高［24 ～ 30ft（7.3 ～ 9.1m）］，装卸台装载性能强，办公装饰区域少（10% 以下），位于商务区或工业区内。这些附加的标准意在帮助回避那些功能上过时，不能符合今后承租人需求的房地产设施。同样，许多机构投资者也设法回避研发类这种属于包罗范围较广的办公展示、特殊高科技、公司园区式的设施。与其他专业化的设施相比，研发类设施

前言

被认为是专业化、融合性的投资类型。它将办公空间与仓库或是办公空间与展厅的用途融于一种建筑结构当中，需要采用投机的方式，以弥补其较高的购置成本、较弱的租赁吸引力和限制性退出策略的不足。

许多风险调整的机构设施投资者所围绕的核心或非核心配置在投资组合水平绩效方面可能会招致适得其反的结果。假设工业房地产投资组合的设施的数量和价值范围都很广泛，那么前摄的方法就可以用于将工业投资的分类由非核心转为核心类型。例如，通过仔细的调查和数据发掘（即对已做和未做的工作进行追踪）来找出间接的收益（如较低的周转额、回馈定制空间的较高的保证租金、改装成本、主要指标），所有者就可减小非核心行为的风险性。实际上，他们可以利用内部信息这个在无效率的房地产市场上仍然合法的手段来打入市场。另外，通过更精确的工业投资及其优势范围，投资者可以尝试各种具体的投资组合方案，评测出哪种方案有效，哪种方案无效，并且不会危及到整体。例如，投资者可以将部分工业类型策略性地分配在那些较为非核心性、投机的活动上，它们比主流业务的运作更具风险性和收益性。这种策略会让投资者得到潜在较大的投资组合收益，却不用冒相同程度的风险。长期以来，由实践得出的感悟可以用于将资产由非核心转为核心类型。这样的收益同样适用于对市场的时机的选择，因为涉足这个市场领域的投资者和开发商可以为不同分部门预测对保证金需求的变化，使他们在进入疲软阶段时卖出，在进入恢复性阶段时买进。那些使用一般性简单方式而没有看到隐含在工业房地产方面的供求动力的商家，将会被这些采用复杂的策略性方法的商家甩在后面。因为信托关系通常包含在私人部分的机构房地产投资当中，通常由顾问担此角色，所以看来“最佳实践”需要在工业房地产上运用更为精确的方法。

投资者运用房地产投资信托来满足或补充其房地产投资组合，试图采用更为策略性的方式应对不同的房地产，包括工业房地产。事实上，这些投资者是在运用“转移风险管理”机制以减少与活跃的房地产市场息息相关的风险，而不必放弃潜在的可以通过更加精确、前摄的工业投资的方式获得的收益，也不必雇用难以管理的员工或顾问。房地产投资信托提供种种优势，包括：集中管理、规模经济，以及对于工业房地产的关注，以此作为一种手段，探究由于工业过多地依靠通用方式而造成的潜在的市场低效率性。随着市场的细化和投资者期望值的提高，运用如本书所展示的分类系统这样在工业房地产上更加细化的方法，将会变得越来越重要。两个当前的转变已经使这种需要凸显出来。首先，在其他部分，强迫接受在共同执行上的更强的责任增加了对房地产投资信托的需求。为了给业绩提供可支持的、正当的预测，经营者就得作出更多基于经验的展望。其次，对于分析者们的预测和可能的利益冲突方面的更多的考虑，导致了新的需求，使得华尔街的分析家们纷纷追踪、报告各公司对比实际绩效的评估。这两种结构性的改变必将推动新增的原则在相关的公共房地产市场上的应用，包括更为精确的工业房地产分类系统的应用。

前　言

市场趋势

工业房地产部门包括广泛的、兼收并蓄的空间使用者和房地产子类，对于供与求的排列组合得出了全新的、更精确的房地产分类。为了有助于解释已导致当前产品排列的作用力，本书前言对影响空间使用者和制造者的主要演化力量进行了审验。本书审查了分类系统，以跨类别的眼光看待工业房地产部门，对符合前述独特性、差异性、有意义性、实质性和持续性标准的大类和小类进行了描述。

我们希望本书所述的工业房地产分类系统能长期有效，但市场不断变化的现实将使对此系统进行改进、调整变得十分必要。由于将会出现主要的结构转变或类似技术和新经济的革新，所以辨别出在不久的将来产生影响力的主要的内外趋势十分重要。对于那些想短期内在边缘范围运作，涉足房地产，但特别着重于工业房地产的较前摄的开发商和投资者来说，洞察显现的趋势就会变得尤为有帮助了。对于工业房地产，有两个主要趋势是需要特别关注的：一是更广泛地影响商业和经济环境的外在趋势，二是影响工业空间使用者、空间建造者和市场促进因素的内在趋势。

外在趋势

全球化、合并和安全化。这三个主要的外在趋势很可能会继续影响工业市场的演变。迄今已经有很多关于这三个方面的论述了。而本书述及这三点是为了在概论的基础上有所强调地探究它们是如何对工业房地产的未来市场产生影响的。

商业、经济和金融的全球化对工业房地产有直接和间接的影响。因此，商业预测和策略计划都必须兼顾全球的经济状况，各个公司也必须进行更为全球化、多样化的运作。同样，金融全球化对于房地产资本流有着巨大的暗示作用，影响着相应的投资需求，进而最终影响到资金成本。在美国及海外创建总部的跨国公司的增加建立了商业网，这种商业网超越了国家的界限和狭隘的地区观念。随着全球市场的成熟，相关的经济角色也会应运而生，各个国家和地区将在其具有竞争优势的领域里起主导作用，从而改变工业房地产的需求。

工业合并继续得以体现，并进一步深入到各产业中去，打破各个部门之间乃至全球的界线。如同全球化一样，合并也对工业需求有直接和间接的影响。虽然其影响力仍在逐渐地释放出来，但很明显的是，其趋势将会致使力量的更大集中，以及提高服务和对间接影响工业市场的外部条件作出的反应的均一性。那些取代了当地先前规模较小的实体，且资本充足的公共和私人实体的工业活动的集中将对供与求产生直接的影响。

房地产市场的安全化也影响了国内房地产市场的运作方式。因为许多投资者将在私有和公共这两种结构上都进行投资，所以就希望管理原则能集中，使最佳的实际经验和更精确、复杂的投资策略和经验得以提升。就工业投资这个越来越多样化和复杂的问题，投资者应寻求对于这种演变过程中出现的种种机会作出反应的最具能力的人才。

技术革新。与全球化、合并和安全化不同，技术革新已经将人们领上似无止境的一系列新范例和应对的道路上。这种情况反映出与较平缓演化的巨大不同，它极大地回报了那些能够抓住新时机的革新者和早期适应者。遗憾的是，逻辑性、规律化的方式在面临快速的技术变革时失去了效力，让商业和房地产专业人士等群体面临一个困境：或是接纳那些崭露头角的新兴技术趋势，或是等待，直到新趋势有了一个比较明确的走向并认清了新趋势对于商务程序又意味着什么时才加入。在工业房地产行业，一方面，这种被动的风险回避方式只能令开发商和投资者遭到一连串的挫败，而留下的只有功能过时的设施。另一方面，如果反应过度，过分改进的设施也会砸在手里，因为各公司都不愿或没有能力多付一笔租金，去分期偿还额外的支出。既然技术革新很可能会继续进行，那么，工业投资者和投资组合经营者就必须针对这种技术趋势建立一套财务可行、可持续的应对体系。

内在趋势

供应链管理。供应链管理是指采购、生产、定价、物流和其他与产品和服务相关的商业功能的整合。在 20 世纪 80 年代，供应链的利益主要集中在运输方面，因为那时的公司都为如何将其产品以更及时和更有成本效益的方式推向市场的问题而苦苦挣扎。在 20 世纪 90 年代早期，供应链的概念得以扩展，又包括了仓储功能，使其更具综合性。随着生产商开始青睐更为全面的供应链系统所带来的增加值，更多的生产商转向了第三方物流供应商，以通过应用更为复杂的管理工具来获取利益。随着时间的推移，重心从把供应链作为控制成本的模式转变为把它作为创造竞争优势的工具。

当代的供应链管理方式是综合性的，合并了这些分区已有的进展，如：计划和安排、配送计划和部署、存货管理、材料控制系统、输出／到达、贸易伙伴、运输管理和仓储管理等。一些公司已经在内部建立了供应链管理体系，而更多的公司则借助外部力量获取利益，以免像内部管理那样增加人力和成本。随着最佳实践的巨大提高，这种趋势日渐显著，为那些站在革新最前端的人们带来了巨大的收益，而淘汰了落在后边、无法保持竞争力的人。在这种环境下，供应链的联系更加紧密，使公司都更依赖于供应商和促进因素，以助其提高客户的满意度和响应，将其精力集中在其核心能力上。

供应链在物流和采购这两个分区的进展对于工业房地产来说都特别值得关注。物流是供应链管理较广泛领域中重要的一部分。电子商务、国际互联网和技术革新引发了物流的巨大转变。例如，在许多产业里，与技术进步相关的物流模式的改变和取消中间人的做法强烈地影响到所期望设施的水准、设计和位置。这里要提及相关的一点，技术强化的存货追踪和运输系统的应用，结合包装

前　言

和物流管理上更有效的方法，进一步造就了无需中间人的阶段。因此，许多公司放弃了传统的存储设施，转而青睐于直接的“生产商对终端用户”的运输方式。再来看看另一个方面。随着许多公司越来越重视通过重新设计生产工序来提高生产力，生产的转变也改变了生产渠道。也就是说，对于工业投资者们，供应链管理仍然是个较为活跃的领域之一，通过它可以探视到新的计算机追踪、通信和配送系统技术的产生。

技术整合。技术革新，即成功的技术整合，已经成为供应链管理和制造业生产力水平提高等发展背后的驱动力之一。尽管一些人把这看作由于国际互联网和电子商务剧增直接带来的新变化，但事实上大部分技术引导的革新早已发生多年了。这些革新包括：自动化仓储、产品追踪、生产模式化、直接订单处理和改进了的实现方法。因此，对于经验丰富的观察者和那些活跃于工业部门的人，这些改变大多数都是进化性而非革命性的。但是，对于不可知的技术革新或其他发展，如自动化应用的增加，仍然要紧密关注，因为它们都存在着提高制造生产力或大幅度改变商务程序的潜在性。

在这种越来越活跃的工业环境中，技术革新和技术的成功整合很显然可以影响房地产需求，既影响选址的过程，又影响承租人所要求的设计特色。商务程序的改变和产品生命周期的缩短会使人们更喜欢较灵活的租赁。为保持在这些趋势的前沿，并帮助他们量化在较广泛的工业部门的作用，就应该关注更具革新精神的空间使用者。运输和物流部门的发展——在位置方面喜欢靠近较大的空港；运输进行实时追踪；中心辐射型配送模式已形成，使制造商能直接向客户提供货物——也可以使理解更深刻，洞察力更强。房地产具有使用年限长和资本密集的性质，所以技术进步肯定将对房地产的使用或市场行销程序有长久的影响。

变化的零售业配送模式提供了又一种逐渐形成的商业功能和技术整合的范例，影响着仓储的需求。在竞争激烈的零售业舞台上，许多零售商都在开发高度精练和依赖技术的配送系统。提升零售商对微观市场的关注（即应当地需求将存货客户化），以满足逐渐增长的各种活跃的消费群，这样的做法也在导致物流管理上的变化。这些需求影响着仓库的物理设计，以进行纵向配送；设施的大小也因此得以确定，以获得必要的经营规模扩大后的经济节约；此外还有助于确定这些设施的位置。在简化工作方面，国际互联网和外部网的发展对于促进相互作用、相互协作的传播行业的出现起到了支持作用。除促进了交流与沟通以外，这样的努力还可以帮助提高从商户到消费者的流量。例如，许多店铺都已改用生产厂商添加的电子货品监控资料标签，即在运往店铺之前先在货品上贴上监控标签。虽然目前对这些标签还没有一个统一的工业标准，但竞争技术将很可能使之更为协调，带来更高的效率。计算机辅助的物流管理和扫描技术的应用在不断地增长，使管理配送程序和处理较小的订单更方便，能确保店铺有充足的货物供应而不必占用大面积的店内存货空间。

前　言

结论

工业房地产是房地产类别之一，可以满足很大一部分使用者的多样化需求，而同时，这些使用者正在经历着基本商务程序与供应链方面的巨大转变。本书旨在捕捉、组织并讲解这种多样化，以帮助工业房地产开发商和投资者针对这个较广阔的商业房地产市场的重要部分制定更加完善的方法。本书并不仅仅对广为人们接受的类型学说加以扩展，同时还引入了一种新的结构，它包括6大类和12小类。本书的大部分重点虽都在各种工业建筑的物理特征上，但同时也深入地阐述了承租人的特质，使这些设施能够以高效的、成本效益好的方式提供给他们。

为了对较广阔的工业部门的不同组成部分有更进一步的了解，本书探讨了不同类别如何适应于整体供应链的问题，并强调了各个类别中的一些空间和市场的共同点。本书提出的分类系统所体现的标准化和精确性都将有助于发展专业化实践，为平衡工业房地产的空间市场和资本市场创造一套更有效率的体系。同时，这种分类还可以帮助开发商用更策略的方式发展这部分业务，帮助投资者选择产业和财务安排，以便从工业部门获取更高的风险调整后收益，在更大的意义上，甚至有助于整体的房地产投资组合。本书深入地分析了隐藏在当前对工业房地产需求背后的驱动力，可以帮助开发商和投资者更深入地领悟不同承租者的需求。最后，本书对各种趋势作了粗略的介绍，对何种事项应以前摄性的方式加以监控以便管理好工业房地产的各项经营活动提出了建议，这可以帮助开发商和投资者对今后的需求作出正确的判断，从而不断地规避无效益市场，从新机遇中获利。

詹姆斯·R.德莱尔

华盛顿州西雅图

华盛顿大学伦斯塔德房地产研究中心

导言与概述

导　言

美国工业房地产的面积大约是 250 亿 ft^2(23.2 亿 m^2)，无论在面积还是价值方面，它都构成了美国房地产中最大的一部分。它包括生产厂房、仓库、研究与开发中心、空港设施和许多其他的建筑类型。工业房地产的大小、外观及建造都是多种多样的。事实上，美国的每项商务都会直接或间接地依附于某种形式的工业房地产以进行制造、储存或配送货物。本书纵观了美国工业房地产，不仅提出了一种工业房地产的分类结构，还对每个类别的用途、演变、位置、供应链配置和投资绩效进行了分析。

工业房地产分类

虽然工业房地产的每个类别的特定建筑在用途和设计上各不相同，但它们还是有共同的特点的。这些共同点都可以归入 6 大类和 12 小类中。像大型仓储设施那样的一些工业建筑都具有可识别的历史性用途，而其他，像货架式仓储建筑，则是这个类别中的新生体。如下所列是本书所定义的美国工业房地产的 6 个主类别和 12 个子类别。

主类别	子类别
仓储配送建筑 →	区域仓储建筑 大型仓储建筑 重型配送建筑 冷藏配送建筑 货架式仓储建筑
制造类建筑 →	轻工业制造建筑 重工业制造建筑 机场飞机库
柔性型建筑 →	研发柔性型建筑 办公展览型建筑
多户租赁建筑	
货运建筑 →	货运站 空港建筑
数据转接中心	

导 言

历来，工业建筑根据物理特征和用途被分为三个基本类别：仓储、制造类和柔性型。这三个类别大致包括了整个工业部分的90%，但是主要的分类问题仍然未得到解决。特征大为不同的各色建筑被归入了同一个范围很广的类别中，还有的建筑因缺乏确切的类别定义而被错误地归类，有的建筑则完全被忽略了。美国有20亿ft^2（1.9亿m^2）以上的现有建筑没有类别归属。

本书中所引入的全新的两级分类体系既采纳了原本的三个类别，即仓储、制造类和柔性型，同时又增加了三个新类型，即货运、多户租赁和数据转接中心。更重要的是，除了由于其混合的形式而不符合这些类别中任何一种的一些工业建筑外，这套新体系几乎包括了全美国100%的工业房地产。

分类程序

工业房地产可以根据其用途或是物理特征进行分类。本书运用了物理特征分类法，因为这样要比运用建筑物用途的方法更能清楚地识别设计特点。

通过物理特征对工业房地产分类的过程中运用了核心的和辅助性的区别特征。核心区别特征是指在同一类别中所有建筑物所体现的物理特征。例如，所有的货运站在平行的墙上都有装卸台，这就是区分这一类型的核心特征。辅助性区别特征在某一特定工业类别中很普遍，但并不总是体现出来。例如，拖车停车场很普遍，但在重型配送建筑中就不一定总有，因此，这个特征就是区别重型配送建筑物的辅助性特征。几个工业类别可以有相同的核心或辅助性物理特征，或是两者兼具。沿着至少两面墙的装卸台的设置就是货运站和重型配送建筑物两者共同的核心区别特征。但是，货运站和重型配送建筑物还有其他不同的核心特征，因此就需要分类，以区分这些不同之处。

导 言

建筑物理特征

工业建筑独特的物理特征使其从其他房地产类别中突现出来。工业房地产典型的物理特征包括：有多个装卸台、货车场的纵深大、高房顶和使用起重机。使工业建筑物与其他房地产类别相区别的特征也同样形成了工业建筑物的6个明显的大类。

历来采用的仓储、制造类和柔性型分类并不能全面体现工业房地产的多样化。例如，货运站就被包括在了仓储建筑类别中，但是货运站通常并不用来存储货物，它们的顶棚很低，而且几乎不会有货架。同样，多户租赁建筑也与这三种类型不相符，但却被归入了制造类和仓储建筑范围内。还有，如今通过对较老建筑的重修和新建而新兴的数据转接中心显然使得工业房地产又增加了一个新的类别。对每个大类中建筑的物理差异进行分类证明有必要建立子类别。例如，仓储配送设施的物理特征在每个建筑物上都有显著的不同：顶棚高度在16～80ft(4.9～24.6m)范围内，每3000～1.5万ft^2(278.7～1393.5m^2)有一个装卸台，办公区域占总体空间的比例也从5%以下到超过25%不等。

内部特征和外部特征都可用于对工业房地产进行归类。一些建筑物只要检验其外部或是内部特征就可以将其进行归类。但重要的是，一定要认识到，工业房地产的所有子类别都是有其特定的外部特征和内部特征的。其基本的外部特征如下：

- 建筑物大小。
- 占地率。
- 货物装卸能力。
- 汽车和拖车停车场。

所有子类别的主要的内部特征如下：

- 顶棚高度。
- 空间建设。
- 电力要求。
- 地板承重与地板水平度。

通过检验外部和内部物理特征并对这些特征的价值作出正确判定，就可以准确地将各种建筑归入工业房地产的6个大类和12个小类。本书述及了每种工业建筑类型的标准范畴，以及具有独特物理特征设施的辅助变数。

导 言

建筑用途

工业房地产有其他房地产类型所不具备的多种用途。例如，写字楼可以适用于依据北美工业房地产分类系统不同工业代码进行分类的各种商务。但是，空间的整体使用是相对统一的。工业设施不仅可以供不同商务所用，对于很多的活动也同样适用。这些活动对环境和建筑结构都有具体的要求。制造、测试、仓储和配送活动与工业房地产的 4 个大类相对应，即，制造类、柔性型、仓储配送和货运。这些工业活动都可作进一步的细化，例如制造，就又包括原材料加工、产品装配和维护。而这些活动则又对应于制造类中的小类，即，重工业制造、轻工业制造和机场飞机库。

建筑物的用途是个很重要的分类工具，可以用于确认根据物理特征所分的类别，在某些情况下，甚至作为最终的决定因素。例如，货运站是根据其外观进行识别的，而轻工业制造建筑物则是根据其活动或用途进行识别的。某些工业房地产类别具有灵活的物理特征，可以适用于多种活动。虽然研发柔性型设施在没有进行彻底的改建之前不能用于从事货物运输活动，但一个制造公司却可以在大型仓库中进行轻工业制造。因此，这样的设施就可根据其用途（轻工业制造），而不是根据其物理特征（大型仓储）来进行归类。如果建筑物物理设计的灵活性可以使它具有多种用途，那么此时建筑物用途就是分类的最终决定因素。

总而言之，对工业建筑物进行分类，无论是根据其用途，还是根据物理特征，都是同样重要的。然而，对本书中所述的所有工业房地产的 6 个大类和 12 个小类的物理特征进行充分的理解却是十分重要的。

概　述

仓储配送建筑

由于仓储配送类型的多样性和大的市场份额，它所包括的子类别的数量是所有主要工业类型中最多的。其子类别，即区域仓储、大型仓储、重型配送、冷藏配送和货架式仓储都各不相同，但它们在物理特征上也有一定的共性。

仓储配送类别衍生于仓储和配送这两个主要功能，它们对物理特征有特定的要求。大部分仓储配送建筑物都是矩形的，这样有利于高效率的仓储和配送。顶棚高度在 16 ～ 80ft（4.9 ～ 24.6m）的范围内。仓储配送设施对于装载的要求超出了除货运之外的所有其他工业建筑类型，它要求每 3000 ～ 1.5 万 ft^2（278.7 ～ 1393.5m^2）有一个装卸台。这类建筑平均每 1 万 ft^2（929m^2）有一个装卸台，在建筑物中，也只有仓库可以达到较高的比率，即每 1.5 万 ft^2（1393.5m^2）一个装卸台。

通常，在美国市场上仓储配送设施有相似的演变模式，但这些相似之处也并不适用于所有的子类别。三个最大的子类别——区域仓储、大型仓储和重型配送——具有相同的演变模式。这些设施的位置都随大都市区域人口分布而变化，即，较老的建筑位于都市中心，而较新的建筑则离中心较远。因此，仓储设施的平均使用年限也随着与都市中心距离的增加而相应减少。冷藏配送和货架式仓储建筑物并不遵从这种演变模式。冷藏配送的工业类型并未扩展，而货架式仓储类别在美国又过于少见，所以不足以展现其明确的演变模式。

仓储配送类建筑在选址方面遵从于四个相同的主要变数，其中两个是人口方面的，另外两个是基础设施方面的。由于高收入地区的土地成本很高，所以仓储配送设施都位于平均家庭收入较低的地区。这些建筑也会聚集在那些有较多蓝领劳动力的地区，但这一点并不像制造类设施那么明显。制造类设施所在地的工人要比仓储配送建筑所在地的多。在基础设施方面，仓储和配送都要求出入的便利性，因此，仓储配送设施都首选高速路和主干道附近的位置。这些建筑也会倾向于建在机场附近，因为这里的土地价格较低，出入便利，而且可以使用航空运输服务。

与人口和基础设施因素相结合，分区规划影响着仓储配送建筑的具体位置。这些建筑会导致繁忙的货车运输，而这在许多地区都不是人们所希望的，因此会受到阻碍。但是，仓储配送设施的位置不像制造类设施的那样受限制。

仓储配送设施约占 140 亿 ft^2（13 亿 m^2）的美国工业空间。整体上，这些设施在土地、建造、租赁改进和佣金方面的必要投资要低于柔性型建筑和制造类建筑。虽然这种较低的投资降低了风险，但它也使投资收益少于柔性型建筑那样的更具风险性的工业类别。

概　述

制造类建筑

制造类建筑是工业房地产的第二大类别。制造过程要比仓储或配送过程更具多样性，与制造、装配以及修理有关的工序数目几乎是无穷的。每个工序都对建筑的性能和结构有特定的要求。对于制造类设施的子类别，即轻工业制造、重工业制造和机场飞机库的分类就是抓住了这种多样性。

由于其多样性，只有两个核心的区别特征适用于制造类设施：一是制造空间建造的高百分比，二是对电力的高要求。制造类建筑的内部结构包括仓储区域和办公区域，但主要还是制造空间。制造、装配和修理空间最少占 50%，平均大概在 70%。重工业制造设施有超过 90% 的空间用于制造。这些设施对于电力的大量需求与其制造工艺有关，因其通常都要使用重型机械，所以需要大量电力。某些数据转接中心也有较高的电力需求，但是由于制造类建筑的所有子类别都有对电力的大量需求，因此这一点就成为区分这一类型的核心特征。

制造类设施还有许多辅助性的区别特征。外部特征包括：少量装载、铁路运输服务和每平方英尺的高停车率。内部特征包括：地板负载重和使用起重机。

制造大类中子类别建筑的扩展演变模式不尽相同。由于制造类建筑的位置总是取决于分区规划，而且通常使用铁路运输服务，因此，这些建筑会聚集在一起。一旦被规划为工业区，新建筑就会与旧建筑建在同一区域。机场飞机库因被限定在机场，所以不会有扩展演变模式。

分区规划是影响制造类建筑位置的主要因素。因为制造类设施是劳动力密集型的，所以它们集中在蓝领劳动力多的地区。通常，当大城市中白领人群从中心地区向外搬出的时候，蓝领人群大多仍保持不动。平均家庭收入是另一个与制造类建筑相关的人口变数，这些设施不会位于最高收入区域内。除了分区规划因素以外，位置还与土地成本、环境限制以及这些建筑的一般外观有关系。

制造类建筑一般都是由其业主自用，这导致了这一类型可利用的收入和投资数据的缺乏。但是，全国性和地方性房地产市场数据是可以获得的，这些数据表明制造类是个空置率低于平均值的稳定的产业。制造类设施在美国的市场份额已经减少，而且这种趋势还将继续下去。

概 述

柔性型建筑

柔性型建筑的“踪迹”最为广泛，是工业房地产类型中的第三大类，也是最难分类的一部分。柔性型设施明显的特征，使其区别于其他的大类。但它的这些特征都过于细微，无法进一步将其分为清晰的子类。因此，这个多样化的类别只有两个子类别，一个是研发柔性型，另一个是办公展览型，它们的区别很显著。

这种类型以其建筑空间结构的灵活性而著称，这也是它的核心区别特征。两座外部一模一样的建筑，其内部建设可能是截然不同的。柔性型设施的一般空间类型包括：写字楼、高科技制造、洁净空间／实验室和仓库等。这些空间的结构和面积变化都相当大，无法为每一种都取定一个不同的子类别。

区别柔性型设施的核心特征是其中办公区域所占的比例较大，一般在25%～80%范围以内，超过所有其他工业房地产类型中的比例。“路边感觉”（curb appeal）良好，或外观吸引人，是柔性型设施的另一个核心特征。办公区建设，使用高级的建筑材料，以及类似办公区域的氛围和景观都使柔性型建筑与单层的办公建筑相似。因此，柔性型设施起到了连接工业房地产与办公房地产两部分的作用。

柔性型设施，特别是办公展览型建筑的一个辅助特征是设有零售空间。零售空间可占建筑物面积的20%。

研发柔性型设施和办公展览型建筑集于新、老两种结构中。大多数大型工业市场都有一个由柔性型设施占主导的区域或分市场。

不同的人口变数影响着研发柔性型设施和办公展览型建筑的选址。研发柔性型设施与办公建筑的相似性也影响着其选址，使其也像办公建筑那样位于收入较高的地区。由于研发柔性型建筑在外观、租金和承租群方面的特点，那些阻碍其他工业建筑类型坐落于较高收入区域的因素，即土地的高成本和分区规划与环境限制，并不会轻易地作用于研发柔性型建筑。因其具有零售部分，办公展览型建筑与零售总花费变量的相关性大于与平均家庭收入的相关性。

柔性型建筑类别可轻易获取投资和收入数据。柔性型设施每平方英尺的整体投资，在土地、建造、租赁改进和佣金方面都很高。这种较高的投资导致了较高的租金。柔性型设施的租金之高在全部工业设施中是排第二位的，仅次于数据转接中心。柔性型建筑的业主具有较高的风险，由此也为他们带来了较高的投资收益率，较高的风险是由承租人的信誉较低和空置建筑再租赁成本的增加造成的。

概　述

多户租赁建筑

虽然显著的核心区别特征使多户租赁建筑与其他工业设施相区别，但是多户租赁建筑的不同点过于细微，无法进行子类别区分。多户租赁设施有三大核心特征：建筑面积、设计和多户租赁建设。所有的多户租赁设施都比较小，一般不超过12万ft^2(11148.4m^2)。建筑设计都不是矩形的，大多呈L形或U形。设施的租赁多种多样。多户租赁设施的大小与设计可以有效地适用于多种租赁用途，而其非矩形的设计和较小的面积也限制了单独承租的有效使用。多数个体承租空间面积范围在5000～1.5万ft^2(464.5～1393.5m^2)。

多户租赁设施具有多功能性的空间建设，可服务于多种商务用途。在空间用途上，建筑与建筑都有所不同，而承租单位与承租单位也存在差异。例如，一座多户租赁建筑既可以有效地供小型制造商使用，也可供配送商使用，还可以供零售商使用。

由于面积小、功能多，多户租赁建筑的演变与位置模式都很随意。靠近大城市和远离市中心都有各种使用年限的建筑，聚集的情况较少。和所有其他工业类别一样，多户租赁建筑也受到分区规划的限制。

虽然雇用蓝领劳动群体是与工业房地产相关联的一个方面，但是多户租赁设施的位置与这个人口因素之间并没有太密切的关系，因为多户租赁的面积小，而且分布广。不过，多户租赁建筑通常都坐落于收入较低的区域。与工业部门相一致的是，只有少部分设施位于收入较高的区域，在最高收入地区没有这类设施。使用高速路这一点对于多户租赁建筑并不像对仓储配送和货运设施那么重要。

因为多户租赁建筑历来都不被当作一个单独的工业类别，所以没有历史性的投资和市场方面的数据可查。然而，在最大的美国市场上，多户租赁建筑的租金要比平均开价稍高。其有效供应低于所有类型的平均值。多户租赁所需的整体投资居于仓储配送和柔性型之间。因其必要投资很高，所以这些建筑并不被看作商品。

概　述

货运建筑

货运的方式有四种，即公路、铁路、水路和航空，它们通常都不需要在建筑物内进行。只有两个货运过程始终利用实体结构，即涉及使用货车到货车的内部运输，以及大量使用飞机和货车的联合运输。使用这两种截然不同的过程的建筑有明显的物理特征，可将其分为两个次级类别——货运站和空港。

货运过程赋予这些设施的特殊物理要求也成为了这些建筑的核心物理特征。货运建筑有严格的装载要求。建筑的装卸台应是交错配置的，平方英尺对装卸台的比率小。货运站的理想比率为每个装卸台 500ft^2(46.4m^2)。从装卸台的一面到对面的理想货运距离是越短越好。因此，建筑呈矩形，长度大于进深，便于货运。理想进深约为 60ft(18.3m)，对长度则没有要求。占地率低，在 20% 左右，因为需要大纵深的货车场和货车拖车停车场，每个装卸台最好有一个相等的空间。货运设施内部空间建设与其他工业房地产类别明显不同。货运设施的唯一目的就是运输货物，既不是仓储，也不是制造。因此，办公区域和仓储空间就要很小，而制造空间根本就不需要。这些设施的大部分空间都被用于进行分类。

货运类别没有明确的演变模式。空港设施被限定在飞机场，减少了地理上的扩展。对于货运站有许多的限制和要求，包括分区规划和靠近高速路。

分区规划和靠近高速路基础设施主要决定了货运建筑的选址。至于影响工业建筑物选址的人口变数，只有平均家庭收入这一要素与货运设施（特别是货运站）有关系。货运站坐落于收入较低的地区，这也是整个工业房地产类别的人口特征的共同点。由于空港的特殊位置限定，那些设施没有额外的位置影响因素。

货运设施历来被归入了仓储配送类别，致使现在没有投资和市场方面的数据可查。不过，货运站的租赁者一般是货运公司，通常信用较低。因此，货运站被认为是投资风险较高，所需资本率也比其他工业建筑类型的高。另外，货运站和空港设施都非常专门化，使再租赁的程序变复杂，增加了风险，调高了必需的投资收益。更高的收益可通过相对高的租金来实现，这是由于较老的货运站数量少，而新建筑又受到分区规划的限制而导致供不应求的结果。

概　述

数据转接中心

数据转接中心是工业房地产大类中的最新成员。它包括两个不同的设施类型：数据仓库和转接中心。这两者之间的唯一实质差别在于对电力的需求（数据仓库对于电力的要求更高），因此两者可以被合并于一个类别中。

这些电信设施类型既可以是通过改造接有光缆的老建筑，也可以是专门用于电信用途的新建建筑。无论是改造的老建筑，还是新建筑，都有相同的物理要求。对于数据转接中心来说，充足的电力是关键，因此，这一点就是其核心物理特征。这些设施内的电力需求范围在 60 ～ 200W/ft^2(5.6 ～ 18.6W/m^2)。高的地板承载力对于承载重型电信设备（如交换机）是很重要的。对于暖通、空调、安全和灭火也需要冗余系统或后备系统。而辅助物理特征还包括：高安全性、高架地板以及带早期检测功能的气体灭火系统。

大多数数据转接中心都建于 20 世纪 90 年代末，都太新，因此这个类别还没有建立自己的演变模式。由于这些设施在功能上都需要使用光缆，因此这个类别今后的发展演变模式肯定与光缆的发展有关。

人口或基础设施方面的变数不会严重影响数据转接中心的选址。这些设施所用的员工数量在所有工业房地产类别中最少。所以，这些设施也不需要靠近某个劳动群体。建筑的外观很漂亮，尤其是新建筑。它们也不会带来货运交通问题。与大多数工业建筑不同的是，数据转接中心可以坐落于收入较高的地区。大多数位于人口稠密的市区的数据转接中心都在高层建筑中。

电信业的历史过短，还没有积累起可供数据转接中心参考的投资或市场方面的数据。由于这个行业是个新兴的行业，其市场效率也低，所以它也有风险。在 1999 年和 2000 年，市场有利于业主，但是到了 2001 年，情况就改变了。这种低效率会随着时间的推移而缓解，但是当前的高投资以及相应的高风险仍将持续，并导致较高的必需投资收益。这类建筑的设计、面积和外观都受技术发展的严重影响，所以这个类别在今后将经历最大的变化。

工业房地产分类

仓储配送建筑

仓储配送设施在美国国内整个工业房地产业中占到55%以上，大约为140亿ft^2(13亿m^2)。作为最大的工业房地产类型，仓储有多种描述性名称，例如：大型仓储、区域仓储、办公仓储和大箱式仓储等。每种仓储类型都有其特殊用途，这每个不同的名称就表明了每种建筑的一个个独特的特征。"大型"和"大箱式"是指建筑的面积大小。办公仓储指仓储的内容，即大部分为办公用途。所有的仓储建筑有共同的特征，所以可以归入仓储配送这个大类中。另外，不同的仓储建筑又有各自独特的特征，可以据此将它们进一步分为几个小类。

仓储配送类型包括了储存货物和配送货物两大功能。这两个功能间的比例根据建筑的不同而变化。这种一个类别内多种功能的情况也正说明了工业房地产的多样化。

仓储建筑的核心区别特征是其整体的建筑设计、顶棚高度和装载能力。大多数仓储配送建筑都呈矩形，因此，在某些描述中用了术语"箱式"。仓储建筑要有外围墙，可供单独的承租人进行有效的仓储和配送。而未能满足这个要求的大多数建筑则被归类为多户租赁设施。对于外围墙的要求并不是说所有的仓储建筑应由一个承租人占用，确切地说，是指这些建筑可以由单独一个承租体占用。

顶棚高度是仓储配送设施的另一个核心区别特征，其范围在最低16ft(4.9m)和最高80ft(24.4m)（如某些货架式仓储建筑）之间。

仓储配送设施对于装载能力的要求超出了除货运类型以外的所有其他大类。仓储和配送涉及将大量的货物频繁地运送，这就要求充足的装载能力。仓储配送设施每3000～1.5万ft^2(278.7～1393.5m^2)有一个装卸台，平均约为每1万ft^2(929m^2)有一个装卸台。

仓储配送包括5个小类，即区域仓储、大型仓储、重型配送、冷藏配送和货架式仓储。仓储配送类型的核心特征，即其建筑设计、顶棚高度和装载能力，同样也是每个子类别的特征。而每个子类别的独特之处则在于装卸台的结构、拖车停车场、电力需求和地板承载力与水平度。每个子类别都包含这些特征，易于识别。

仓储配送建筑

类别	面积（ft²）	办公区域比例（%）	制造区域比例（%）	顶棚高度（ft）	装卸台比率	冷冻／冷藏室比例（%）
区域仓储建筑 区域仓储设施呈矩形，可供单独承租体更有效地使用。其面积一般不超过 10 万 ft²(9290.3m²)。顶棚高度为仓储配送类的低端。这类设施的主要功能是存储和配送货物，为周边地区服务	≤ 10 万	≤ 25	≤ 10	16～24	1:5000～1:15000	≤ 5
大型仓储建筑 大型仓库设施储存大量货物，其储存时间长短不同，有的要求长期储存，有的则需要很快配送出去。这种建筑的用途以及面积上的特点决定了其用于制造、办公和仓储的室内空间的建设	>10 万	≤ 10	≤ 10	20+	1:5000～1:10000	≤ 5
重型配送建筑 重型配送建筑的设计利于其配送功能而非仓储功能的发挥。重型配送建筑至少沿着两面或是垂直或是平行的墙设有装卸台。由于货车调配区域和拖车停车场方面的要求，建筑物的占地率很低	>10 万	<5	0	24+	<1:5000	无
冷藏配送建筑 虽然在其他的工业建筑类型中，冰柜和轮式冰箱是很平常的，但是作为整体一部分的冷藏室楼层则是冷藏配送建筑不可分割的一大设计特征。由于具有这独特的楼层，因此要想将冷藏配送建筑改建成其他类型的仓储配送设施是很不经济的	无限制	≤ 15	某些食物加工	20～30+	1:7000～1:10000	>25
货架式仓储建筑 在货架式仓储建筑中，货架既起到了结构支撑作用，又提供了存放货物的空间。标准设施的存储与运输区域是分开的。运输区域很像一个有许多装卸台、顶棚较低的标准仓库。存储与运输区域通常由自动运送系统相连接	无限制	<5	0	可以>60	在运输区域1:5000	无

注 1ft=0.3048m；1ft²=9.29030×10⁻²m²。

仓储配送建筑

区域仓储建筑

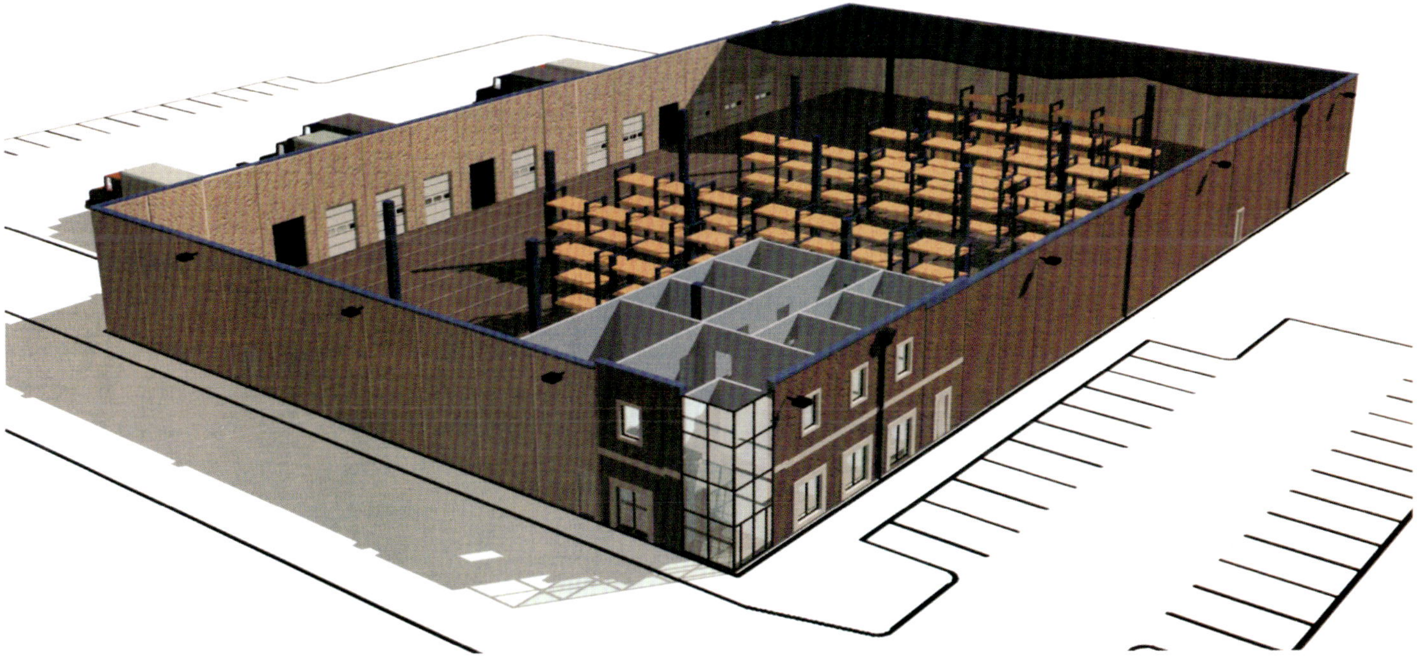

区域仓储是仓储配送类别中设施数量最多的一个小类。它们为地方性和区域性市场提供存货和配送服务。

区域仓储设施面积通常不超过 10 万 ft^2(9290.3m^2)。而那些更小一点的，则可能被俗称为"地方"仓储设施。它们在面积上与多户租赁设施差不多，但从这两种设施的外形很容易进行区分。

区域仓储设施通常呈矩形。虽然也可以供多户租赁使用，但其建造初衷是面向单独租赁体的。办公建设的数量是有明显差别的。如果办公区域所占比例高出一般情况，这种区域仓储设施也可以被称为"办公仓储设施"。

在区域仓储设施内通常不进行或极少进行制造工作，因此，这类设施没有制造业所具备的特征。如果有，制造空间在区域仓储设施中所占比例也很少会超出 10%。

仓储配送建筑

区域仓储建筑／演变

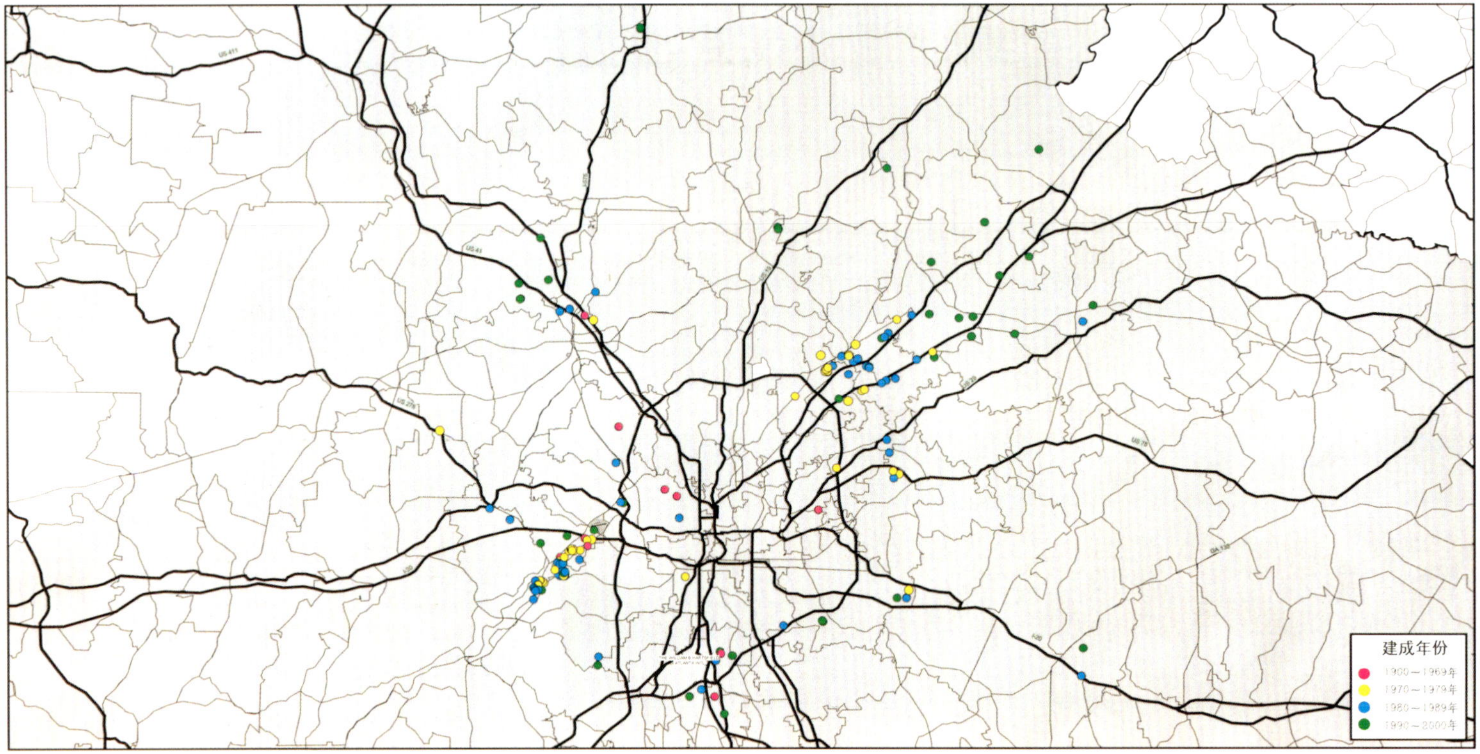

亚特兰大

区域仓储设施可以为涉及仓储和货物配送方面的各种承租人提供服务。承租人可以是小型的、地方的配送商，也可以是大型制造公司。这类建筑的大部分空间都是用于存货和配送的。不过，内部建设可以分配给轻工业制造空间，这对于小型装配商是很理想的。本页所附的地图上标明了亚特兰大市市场上的174个区域仓储设施。仓储设施的模式伴随着人口的增长演变。由紫红点标出的是较老的建筑，它们位于大城市的中心地区。由绿点标出的是较新的建筑，它们距离市中心较远。一些新的设施也离市中心较近，取代了较老的、陈旧的建筑。这种演变模式代表了整个仓储配送大类。尽管由于地方的发展，使新老建筑有些交迭，但区域仓储整体上还是跟随着人口的增长而变化的。

仓储配送建筑

大型仓储建筑

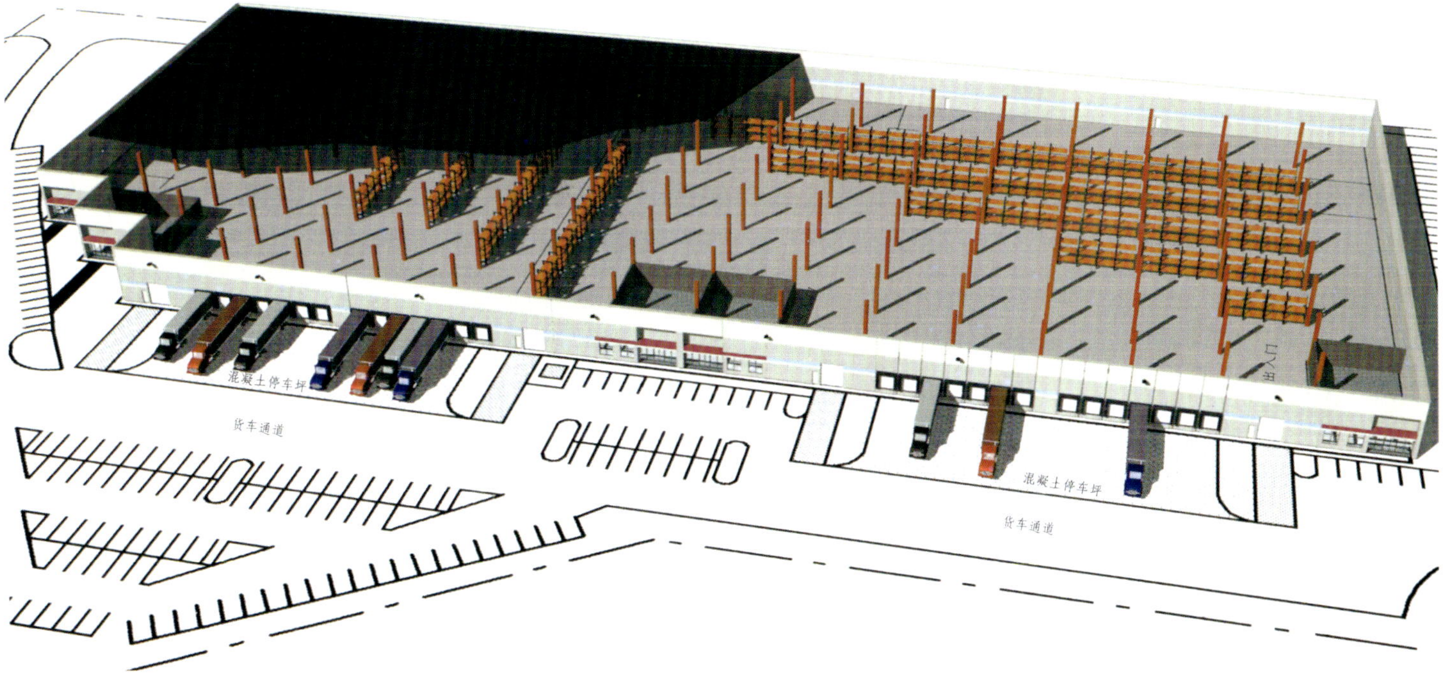

大型仓储设施储存的货物量大，存放时间长短变化多样，有的需要存放较长的时间，而有的则很快就配送出去。这类设施的面积大，超过 10 万 ft^2(9290.3m^2)，易于识别。建筑的整体用途及其面积特点决定其用于仓储、办公和制造的内部空间。大型仓储设施通常不适用于制造用途，因为电力不充足，顶棚过高，装卸台又多。如果有制造空间，也很少会超过建筑面积的 10%。用于办公的空间通常也很小。

除了面积之外，大型仓储设施的其他核心特征还包括大的装载能力和高的顶棚。大部分装载、卸载活动都要使用装卸台，较少部分要进入仓储设施内进行。大型仓储设施的顶棚高度通常在 20ft(6.1m) 以上，当然，一些较老的建筑顶棚要稍低一些。由于技术的进步，一些较新的建筑的顶棚已达到 30ft(9.1m) 以上。

仓储配送建筑

大型仓储建筑／外部

大型仓储建筑面积较大，所以其外观很有特点。其最小面积为 10 万 ft^2(9290.3m^2)，而最大可达 100 万 ft^2(92903m^2) 以上，在面积上与制造类建筑有一比。包括停车场、货车调配区域和拖车停车场在内的占地则是仓储建筑区别于制造类建筑的特征。大型仓储设施每平方英尺所用人力比其他仓储配送设施的少，所以这类建筑所需的汽车停车空间较小，因而占地率也较小。但是，它们对大纵深的停车场和拖车停车场是有要求的。通常，大型仓储设施的占地率高达 50%，而制造类设施的占地率约为 40%。

流通于大型仓储设施的货物数量，以及货物的运输模式是大型仓储设施区别于其他设施的因素。当今，货车运输服务占主导地位，而铁路运输服务被看作该产业中的便利设施而非必需设施，主要通过具有竞争力的铁路用于大型货物的运输。最终，市场实践对于供应链程序的作用决定了装载形式与新建筑相关联。通常每 5000 ～ 1 万 ft^2 (464.5 ～ 929.0m^2) 空间有一个装卸台，而大多数大型仓储设施每 1 万 ft^2(929.0m^2) 或较小些有一个装卸台。一些大型仓储设施既有火车出入门又有货车装卸台用于联合运输，也就是说运输货物从一种方式转变成另一种方式，例如，由货车运输转变为火车运输。不过，联合运输通常在指定区域使用，并且在建筑外部进行。

仓储配送建筑

大型仓储建筑／内部

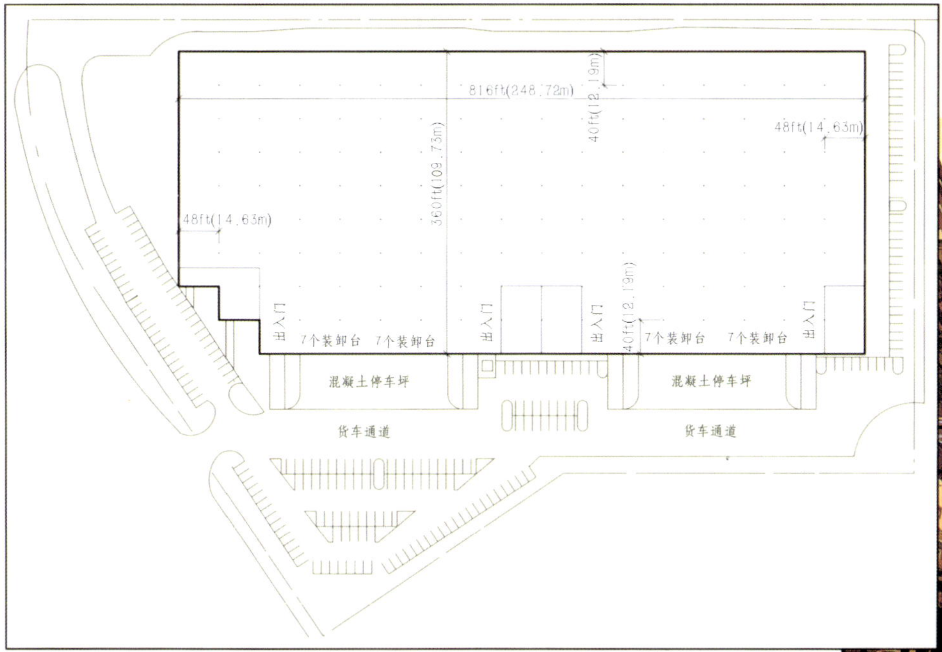

大型仓储空间的90%都用于存放大量的货物。用于办公的空间很小，通常在建筑总面积的10%以下。在大型建筑中办公空间所占比例可能会接近5%，而在某些小型建筑中可能在10%以上。在大型仓储建筑中也会有制造空间，但大型仓储建筑和所有的仓储配送类别一样，不具备大多数制造运作所需的特点。因此，在大型仓储建筑中的制造空间几乎不会超过建筑总面积的10%，也不需要有独立的建设。

大型仓储建筑的顶棚高度［新建筑在20～30ft(6.1～9.1m)以上的范围内］可以在保持整体结构高度一致的同时，允许加建夹层。大型仓储建筑通常使用货架系统，这就要求地板的水平度与厚度可以负载重荷并减小货车和火车的震动。所存储的货物量决定了地板的厚度。货物较重或是数量较多就要求地板更厚一些。地板最小厚度为6in(15.2cm)，每平方英寸可负载4000lb(1814.4kg)重量。地板厚度与水平度的重要性使大型仓储建筑区别于其他工业房地产类别。

仓储配送建筑

大型仓储建筑／演变

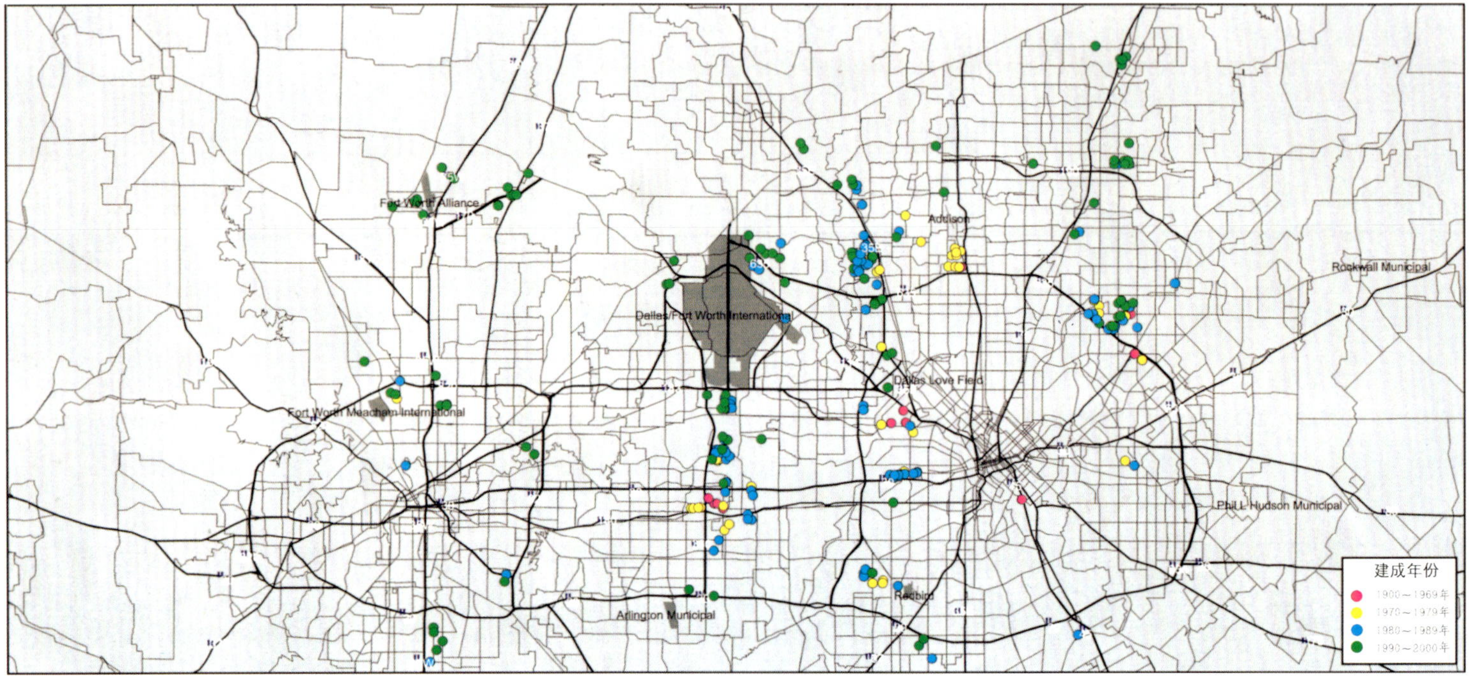

达拉斯／沃思堡

在所有的工业建筑类型当中，大型仓储建筑有着最多类型的承租人，既有储存零件和货物的制造公司，也有为其他公司配送货物的物流公司，还有在将产品运往零售渠道或直接销给消费者之前进行货物储存的零售商。

当今的大型仓储建筑较以往面积更大，顶棚更高。在所附的达拉斯／沃思堡地图中，标出了在20世纪90年代建造的129个大型仓储建筑，以及与之相比较的在20世纪80年代建造的110个大型仓储建筑。这两个时期的建筑在平均面积上每个建筑相差2万ft^2(1858.1m^2)，约10%。

图例还表明，大型仓储建筑顶棚的平均高度在过去的20年里增加了，从20世纪80年代前的建筑物的23ft(7.0m)，增长到80年代期间的25ft(7.6m)，再到后来90年代的27.5ft(8.4m)。新技术是这些变化的推动力。自动检索系统和存货报表软件在现代仓储中的应用实现了更大的堆垛能力，因而提高了存货的效率。

大型仓储建筑遵循明显的人口扩展模式，与城市增长模式一致。所附的达拉斯／沃思堡地图清楚地证实了这种模式。在过去的20年里建造的较新的建筑分布在离市中心最远的地方。较老的建筑则距离城市中心较近。这种模式也存在于亚特兰大、芝加哥、洛杉矶和其他的大城市。

仓储配送建筑

重型配送建筑

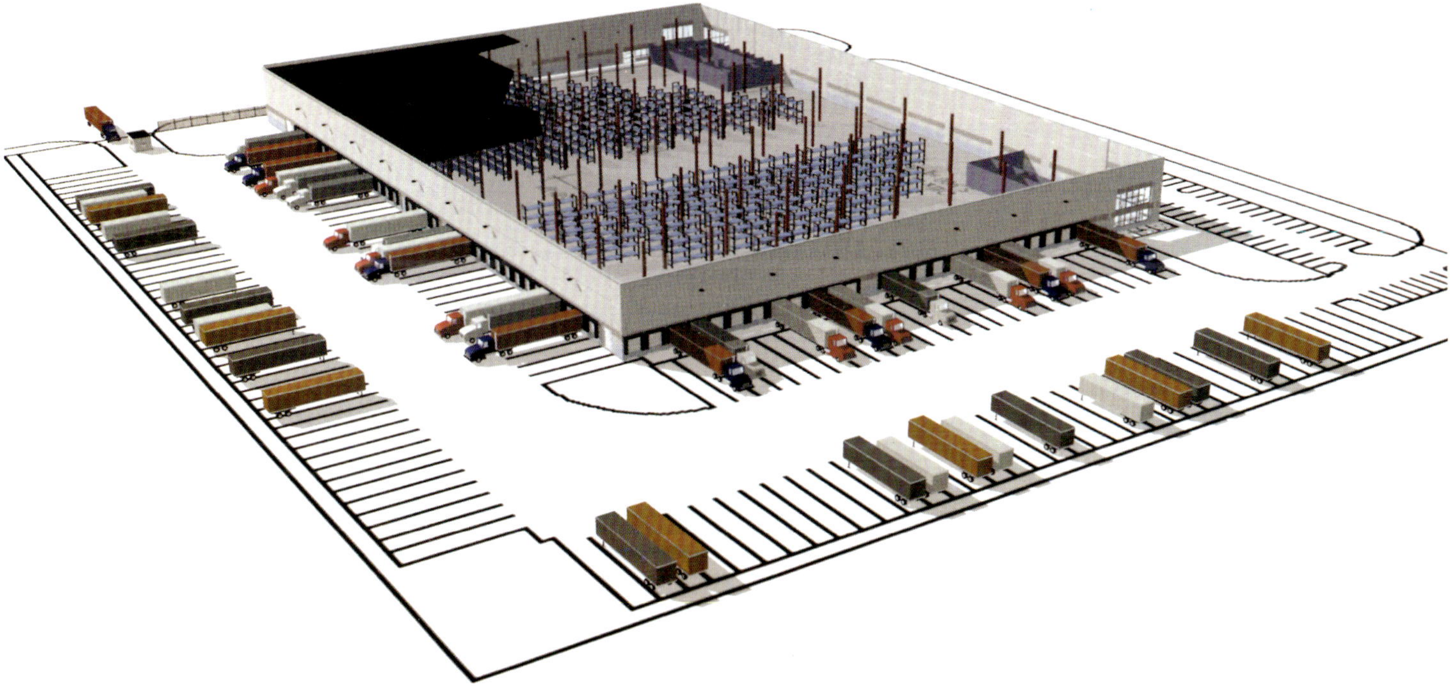

重型配送建筑的设计适用于配送而非仓储功能。但是，重型配送建筑可以在长时期内存储货物，所以也有些类似于大型仓储建筑，它们有一定的共同特征。沿一个以上的墙面设有装卸台，这是重型配送设施的一大核心区别特征。

重型配送建筑的面积很大，一般在10万～50万 ft^2(9290.3～46451.5m^2) 范围内。在这个范围以外的建筑也有，但是很少。重型配送建筑的顶棚高度在24ft(7.3m) 以上，平均在28ft(8.5m)，以满足仓储功能的需求。装卸台的数量和其设计都使重型配送建筑区别于大型仓储设施。通常大型仓储设施每1万 ft^2(929.0m^2) 设一个装卸台，而重型配送建筑不到5000ft^2(464.5m^2) 就有一个装卸台。

仓储配送建筑

重型配送建筑／外部

重型配送建筑可以通过其装卸台的外观来识别。其他仓储配送建筑通常只沿着一面墙设装卸台，而重型配送建筑至少要沿着两面墙设装卸台。虽然从定义上看，装卸台交错设施在两面平行墙上设装卸台，但重型配送设施的装卸台则或是相互垂直的，或是相互平行的。在大多数仓储配送建筑中，约每 3500ft^2(325.2m^2)有一个装卸台。由于重型配送设施是至少沿一面墙以上设装卸台，所以其装卸台的数量多一些，而每个装卸台的平方英尺比率就低一些。在整个工业房地产中，重型配送建筑的装卸台平方英尺比率排位倒数第三，下两个是货运站和空港建筑。

建筑面积和占地率是重型配送设施最明确的区别特征。最小面积为 10 万 ft^2(9290.3m^2)，类似于大型仓储设施。也有稍小的重型配送设施，只不过是在特定的较小市场上。重型配送建筑的平均占地率大约是 30% ～ 40%，是所有仓储配送设施中最少的，因为其配送功能和出入装卸台系统需要给建筑周围的货车场留出更大的面积。拖车停车场一般也在场地中，很显然这也减少了建筑物的占地率。

仓储配送建筑

重型配送建筑/内部

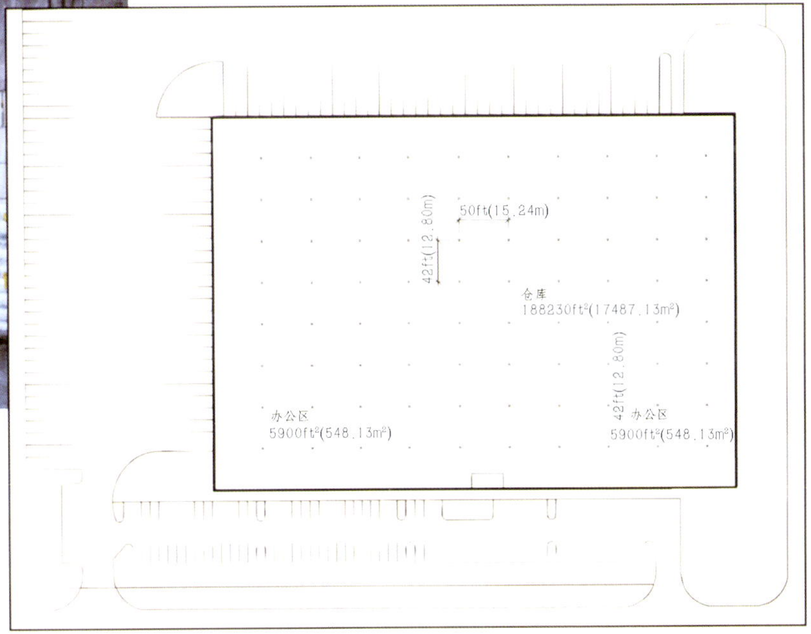

虽然重型配送建筑的内部与大型仓储建筑的很相像，但重型配送建筑还是有其独特的结构特征。这类建筑很少会有多于5%的办公空间，至于制造空间则根本不存在。顶棚的高度最低的只有24ft(7.3m)，而大多数建筑中顶棚高度则达到或超过30ft(9.1m)。建筑的纵深，即货物存储区域和最近的装卸台间的最大距离，在这类建筑中被减至最短，突出了配送而非仓储的功能。重型配送建筑既要求地板的水平度好，以利于货架装置，又要求地板厚度适当，以承载重量。这两点使重型配送建筑区别于除大型仓储设施和货架式仓储设施以外的其他所有工业房地产类别。正如大型仓储建筑那样，重型配送建筑的地板厚度和水平度与存储的货物的数量和重量相关，同时也与货架高度有关。这类建筑的顶棚很高，所以可以建造独立于其配送和仓储功能区的双层办公区域。

仓储配送建筑

重型配送建筑／演变

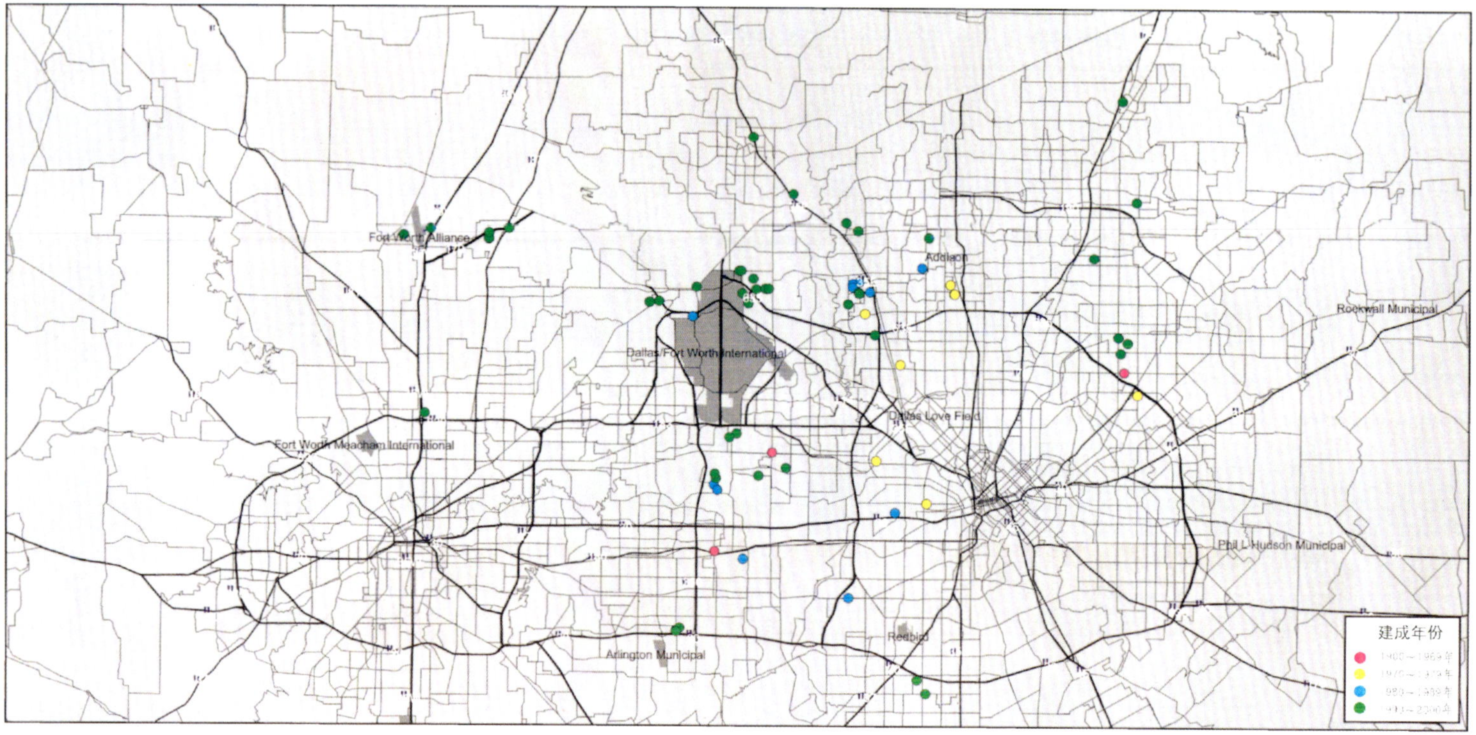

达拉斯／沃思堡

由于重型配送设施更适用于配送而非仓储功能，所以这类设施的租赁范围比大型仓储设施的局限性大。重型配送建筑常常租给物流公司，从事快速及时的配送活动，所以这类设施又被称为“高速设施”。

重型配送设施是继货架式仓储建筑之后的第二类新兴但数量最少的仓储配送类别。（参见空港演变部分，其中讲述了一种组合重型配送和空港建筑特征的混合型。）

所附图中标出了达拉斯／沃思堡市场上的 74 座重型配送建筑，其中有两种明显的模式。第一种是占主导地位的重型配送建筑，由绿点标出，建于 20 世纪 90 年代。在图例中，几乎 70% 的建筑是在这个时期建造的，只有 4% 是在 1970 年前建造，而其他的则是建于 20 世纪 80 年代。

在达拉斯／沃思堡地图中的第二种模式是位置的演变。较新的建筑离市中心较远，这点与仓储配送类别的演变模式整体上是一致的。不过，与区域仓储和大型仓储不同的是，重型配送建筑通常不位于城市中心区域。

仓储配送建筑

冷藏配送建筑

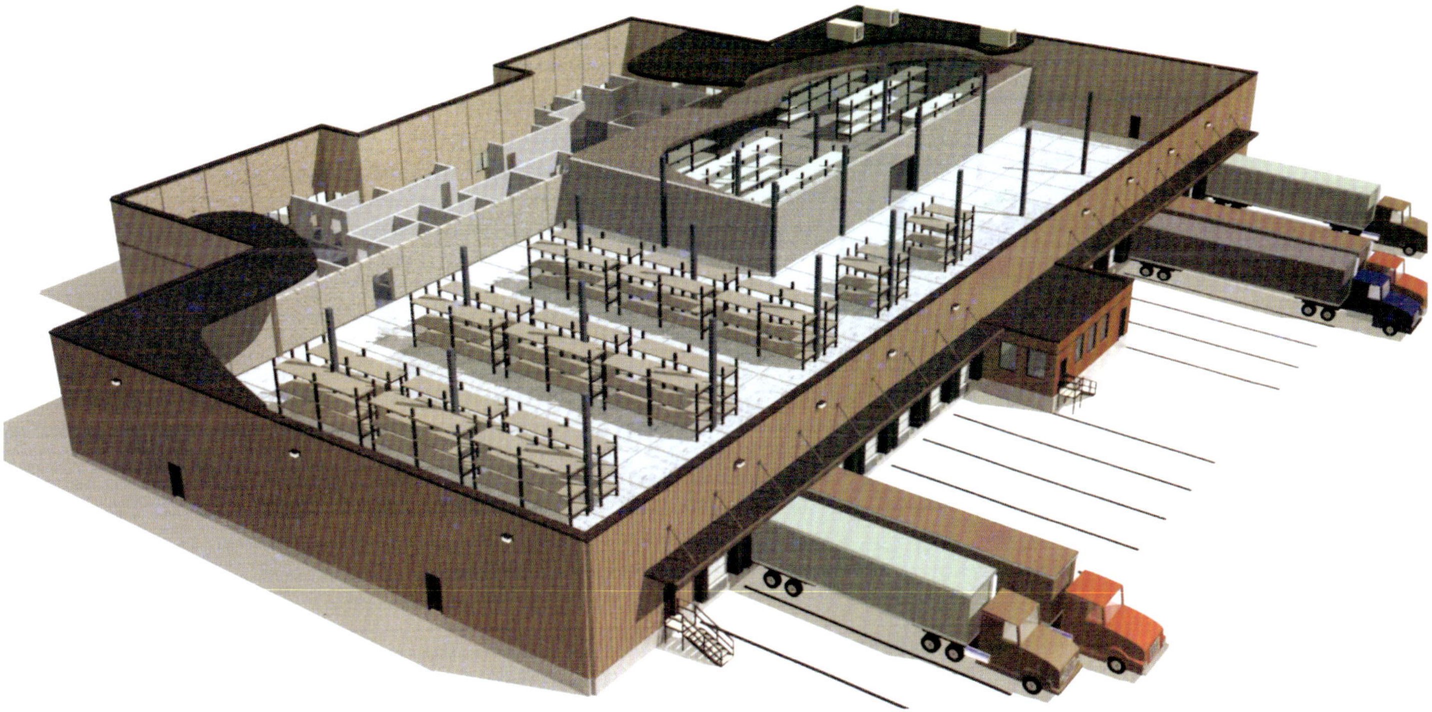

由于其特殊的功能，冷藏配送建筑的数量相对来说较少。易腐货品只在这类建筑中储存很短的一段时间，所以这类建筑的关注点在于产品配送而不是产品储存。

冷藏配送建筑的外部类似于仓储建筑，但它们的内部特征就明显不同了。在其他类型的仓储建筑以及一些制造类和货运类建筑中，也可以见到冰柜和轮式冰箱。但是在冷藏配送建筑中，这些已被融入建筑设计，因为冷藏特点是这类建筑不可分割的一部分，因而将冷藏配送建筑改建成其他类型的仓储配送设施通常并不经济实用，虽然在某些情况下，冷藏层也可以作为标准层使用。

仓储配送建筑

冷藏配送建筑／外部

冷藏配送建筑是唯一没有面积大小限制的仓储配送类型。事实上，从外部来区别这种类型的建筑可能比较困难，因为它们的面积大小变化多样。例如，在芝加哥，这类建筑的大小就从 5000ft^2(464.5m^2) 到近 90 万 ft^2(83612.7m^2) 不等。

冷藏配送建筑与其他仓储建筑的区别在于其内部装卸台的使用，这是为了保证储存货物的质量。在一些设施中，整个内部装卸台区域是有温度控制的。另外，外部装卸台通常也有防护措施，以减少货物暴露在户外而遭受损失。每个装卸台平方英尺数很少超过 1 万 ft^2（929.0m^2），平均是 7000 ～ 8000ft^2(650.3 ～ 743.2m^2)。

冷藏配送建筑通常占整个场地的 50%，另外的 50% 用于泊车以及货车场。因为需要的停车场较少及很少存放拖车，所以形成了这种比例。这个比例类似于大型仓储建筑和区域仓储建筑的比例。

仓储配送建筑

冷藏配送建筑／内部

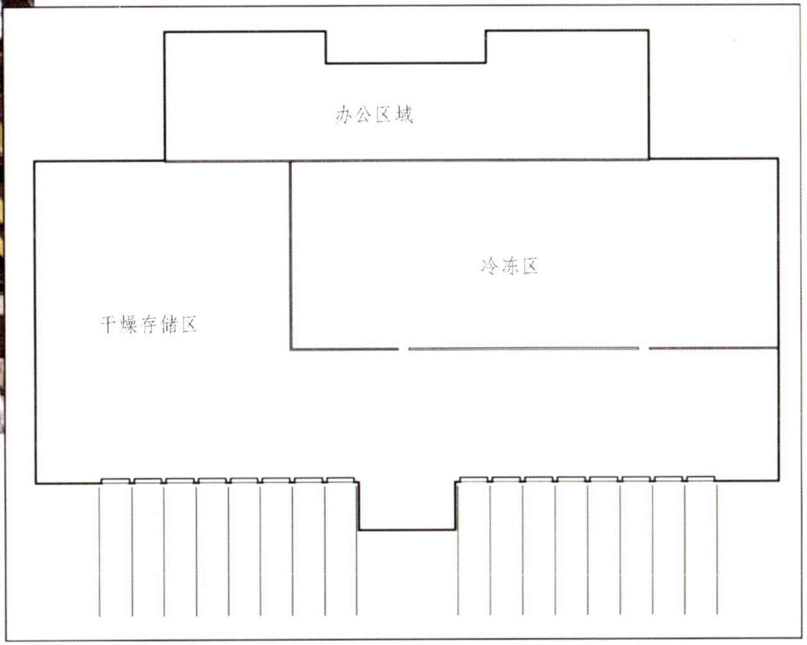

冷藏配送建筑的内部结构设计独特，一般由四部分构成。两个部分最少占建筑的 25%，一个是融入建筑结构的冷冻层；另一个是冷藏部分，其温度通常保持在冷冻点以上一点点。第三部分是干燥存储区，在仓储建筑中用于存储不只一种货物，适用于大多数冷藏配送建筑。第四部分用于办公建设。大型冷藏配送建筑的办公区域最小，约为 5%，小一些的设施中有 15% 用于办公建设。专门的加工区域不超过整个建筑结构的 10%，也可以用于冷藏，在一些用于食品方面的建筑中可以见到。有大的加工区域与较小的冷冻和冷藏区域的建筑被归入制造类别。

冷藏配送设施的冷冻功能需要它满足其他仓储配送类型不需要的一些其他要求，例如，充足的电力、双重自动喷淋灭火系统、地面排水以及特殊的承载特征。在冷藏和干燥区、办公区域内，自动喷淋灭火系统类型是各不相同的。

顶棚的高度依建筑的大小而不同。超过 5 万 ft^2(4645.2m^2) 的冷藏配送建筑的顶棚高度从 16ft(4.8m) 到 30ft(9.1m) 以上。面积小于 1 万 ft^2(929.0m^2) 的设施，其顶棚也稍微低一些。

仓储配送建筑

冷藏配送建筑／演变

冷藏配送设施最常见的租赁者是食品加工和配送公司。所附图中标出了芝加哥市场上的19个冷藏配送建筑。这个图例很有限，并不能为演变模式的分析提供足够的数据。

在其他主要工业房地产市场上收集到的一些类似的小示例表明，冷藏配送建筑的平均使用年限在所有市场上是一致的，与制造类建筑和仓储配送建筑相比，更接近于前者。所附图例展示出了平均使用年限的模式。这虽然是个小小的示例，但这种模式表明对这类建筑的新需求比较缺乏。冷藏配送建筑类别不包含有冷冻和冷藏设施的制造类建筑。由此得出重要的一点就是，不要以为对制造业食品加工设施和冷藏配送设施的要求是相当的。

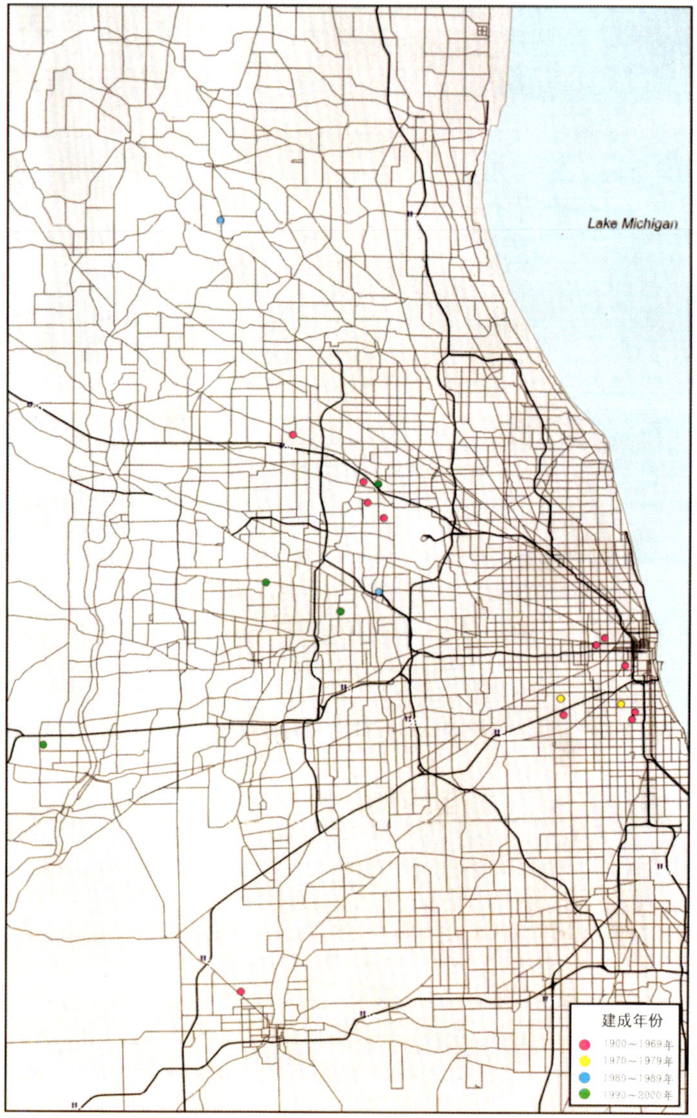

芝加哥

仓储配送建筑

货架式仓储建筑

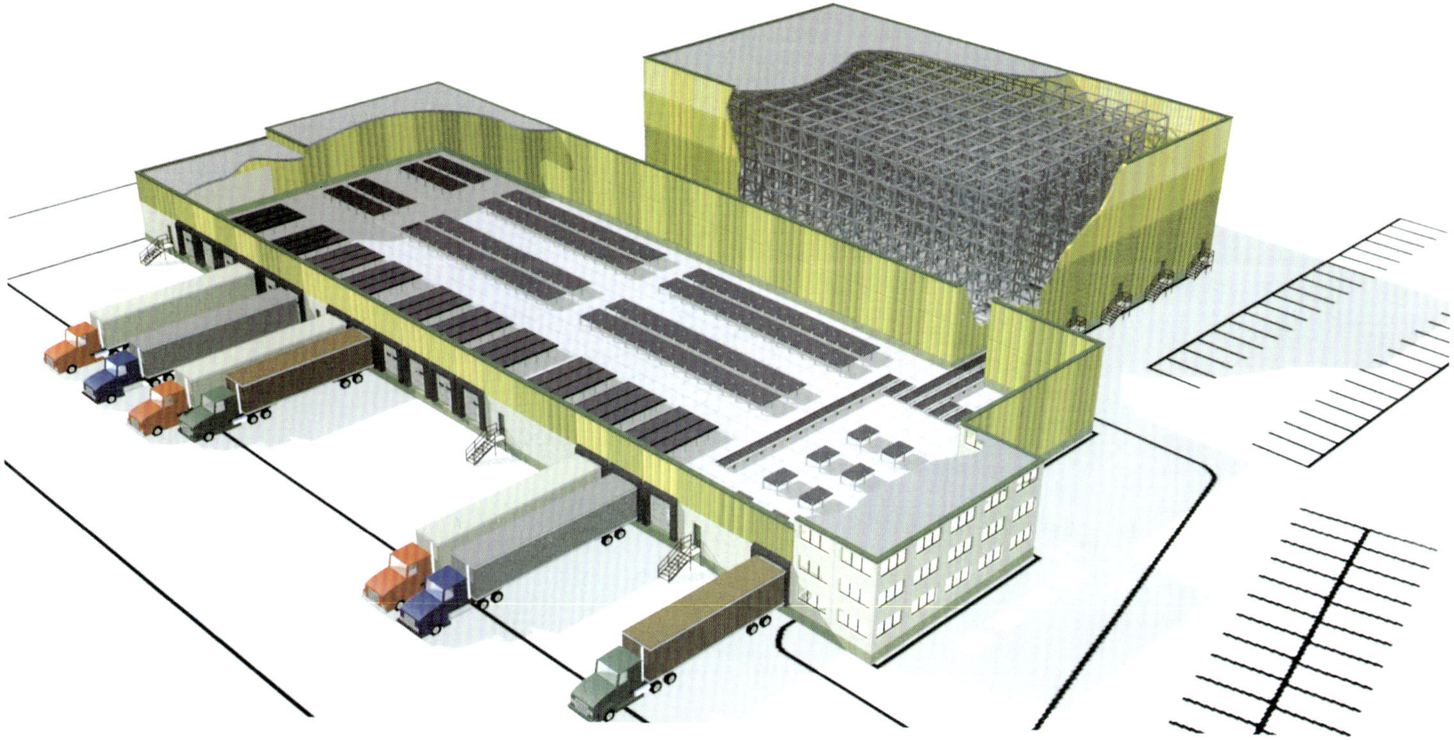

货架式仓储在美国是不常见的仓储类型。这种类型的仓储建筑不够灵活，而且相对来说建造费用高。但是因为对空间的利用率高，这类建筑在欧洲和亚洲的一些地方较常建造使用，因为那里的土地成本非常高。这种建筑的外部和内部特征使其成为独立的一种仓储配送类别。

“货架式”恰当地描述了这类设施的物理结构。在传统的仓储建筑中，墙面和顶部都有单独的支撑柱。在货架式仓储建筑中，货架体系既起到了结构支持的作用，又提供了储存空间，显示了其有效利用空间的优点。对于开发商，货架式仓储建筑的不足之处就在于这种建筑只是为了满足特定用户对尺寸大小和负载的需求。无论是大小还是负载需求，只要有一方面发生变化，该建筑就失去了其特定的用途。

货架式仓储建筑很独特地配置有分离的储存和运输区域。储存区域的顶棚很高，区域内有货架装置。运输区域类似于标准的仓储设施，有装卸台，其顶棚较低。储存和运输区域通常是由自动传送系统相连的。

仓储配送建筑

货架式仓储建筑／外部

由于有分离开来的储存和运输区域，货架式仓储建筑看上去往往像两座相邻的建筑，每座的高度和负载特征都各不相同。因为货架式仓储建筑通常是依需求而建造的，所以其建筑的大小和场地的大小都要依照使用者的需求，因而也就没有设定的标准。建筑内部大容量的设计，以及装卸台和货车停车场只位于运输区域的情况表明，这类设施每平方英尺建筑空间所需的土地是所有仓储配送建筑中最少的。整个仓储运作都是自动化的，不需要多少工作人员，因此货架式仓储建筑每平方英尺的雇员人数在所有仓储类建筑中也是最少的，使得对停车的需求也较低，可以有更多的场地用于建筑而非停车场。因而，这类建筑的占地率是所有仓储建筑中最大的。对于整个建筑来说，谈论装卸台的平方英尺比率是没有意义的，只有在运输区域有装卸台，其比率可能达到 1：5000。

仓储配送建筑

货架式仓储建筑／内部

货架式仓储建筑中的储存和装载部分有截然不同的结构特征。储存区域包括货架支持墙面和顶部覆面。没有支柱，空间得到了最大化，层高也上升了，可高达 78ft(23.5m)。高的顶棚和货架装置对地板的稳固性和水平度都有特别的要求。风和雪等外力也是需要专门考虑的因素。

这类建筑的仓储运作完全自动化。由计算机操作的高大塔式起重机可以将储存的货物举起、抽出和抓起。自动传送带连接储存和装载区域，而这个区域的工作人员则大多做些日常维护工作。装载区域有传统的墙面和顶部支撑，其设计功能是将从储存区域运来的货物进行分类、贴标识、分组和分配。这个区域的一部分通常被指定用于办公区的建造。

仓储配送建筑

货架式仓储建筑／演变

在美国，货架式仓储设施数量有限，所以还未建立其发展模式。由于这类设施都有完全自动化的传送和检索系统，其建造基本上与物流领域的发展相同。

这种建筑类型在欧洲和亚洲更为显著，在这些地方的城市里土地价格很高，所以建造这类设施的成本相当高。虽然在美国土地通常都较易获得，但是申请新土地开发的批准程序所花费的成本和时间是在不断增长的。因此，货架式仓储设施将来可能会在美国的一些繁荣市场逐渐盛行起来。

制造类建筑

制造类建筑是工业房地产的第二大类，大约占美国工业房地产面积的30%，即70亿ft^2(6.5亿m^2)。所有制造类设施都具有与制造程序相关的特殊的结构特征。

内部空间结构是其最重要的核心区别特征。这类建筑有三类空间结构：制造、仓储和办公。制造空间最少占50%，平均将近70%。某些多户租赁建筑以及研发柔性型建筑中的制造功能空间也很可观，但高比例的制造空间还是制造类设施的核心要求。这一特点使这类建筑区别于其他所有的工业房地产类别，包括多户租赁建筑以及研发柔性型建筑。

制造程序使用重型机械，因而需要充足的电力。这在所有的制造类建筑中都一样，是区别这类设施的核心特征。数据转接中心也有相同的电力需求，但是目前每平方英尺所需的电量比制造类设施更大。

制造类建筑还有许多其他核心及辅助区别特征。外部特征是每平方英尺的停车场占地率高和装载设施最少。地板承载力高和使用起重机是内部特征。这些特征使制造类设施之间也产生了明显的差异。这样一来，制造大类又下设了三个子类别：轻工业制造、重工业制造和机场飞机库。每个子类别都含有制造业功能或与制造业相关的功能，如装配和维护。但同时，每个子类别又有独特的结构特征。

制造类建筑

类别	面积 (ft²)	办公区域 比例（%）	制造区域 比例（%）	顶棚高度 (ft)	装卸台 比率	铁路	起重量
轻工业制造建筑 轻工业制造建筑是制造类别中最多样化的，因而也是最难分类的。租赁用途也多种多样。其范围包括非常类似于仓储设施的建筑和类似于重工业制造建筑的真正的制造设施	≤30万	≤20	50～75	14～24	1:10000～1:15000	偶尔有：在外部	≤25t
重工业制造建筑 面积、装载能力和内部空间的建造使重工业制造建筑区别于其他的建筑类型。重工业制造程序需要多模式的运输和使用重型机械。铁路和货车提供外部服务，而起重机用于内部运输。充足的电力和适度的地板承载力能够支持重型机械	可以>100万	平均10	75～90	16～60	不固定	通常都有：外部和内部	可以>100t
机场飞机库 像仓储配送设施那样，机场飞机库也存放货物，即飞机。而与存储和配送货物的仓储配送设施不同的是，机场飞机库还用于维修。因此，机场飞机库被归到了制造大类项下	无限制	5	75～90（修理空间）	≤100	最小	无	多种多样

注 1ft=0.3048m；1ft²=9.29030×10⁻²m²。

制造类建筑

轻工业制造建筑

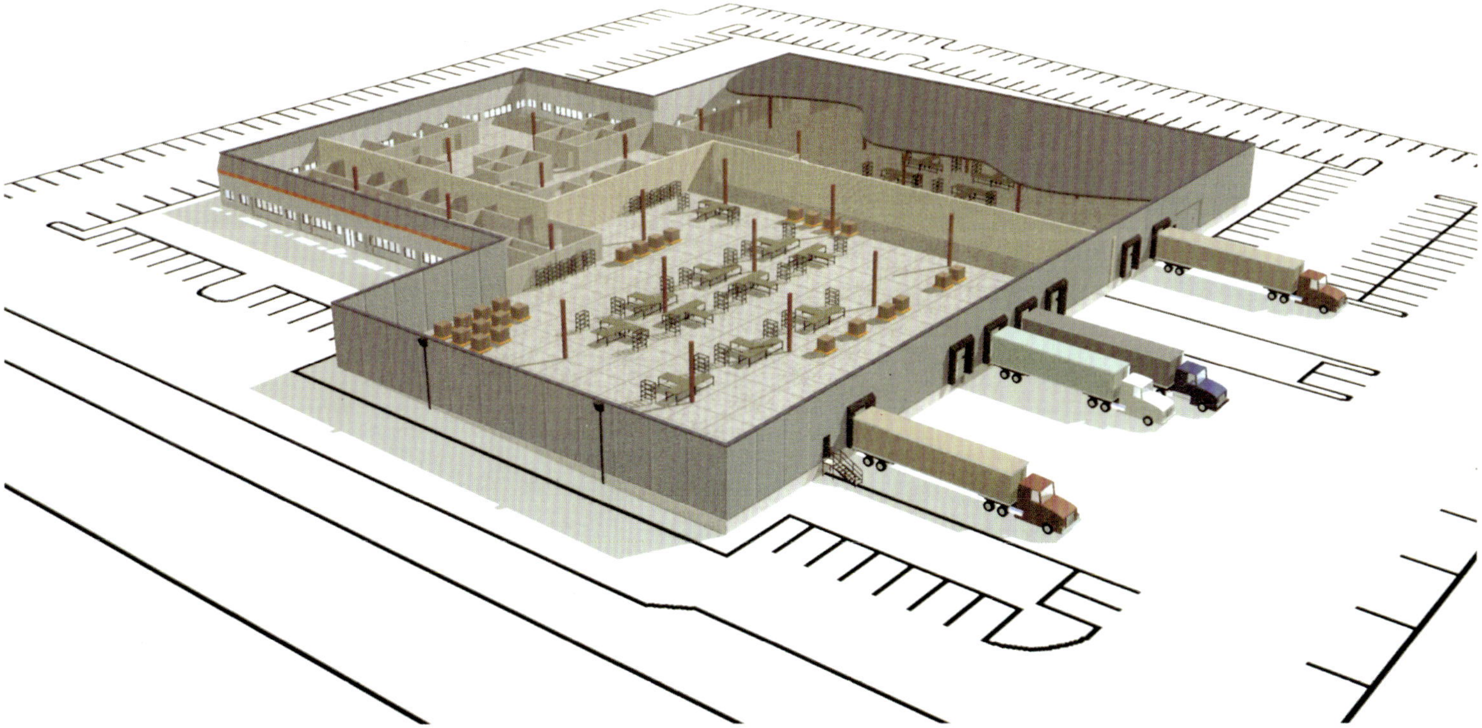

轻工业制造建筑是制造类别中最多样化的一类，因而也是最难分类的。租赁类型也是多种多样。因此，为了对这类建筑进行分类，就必须对其外部和内部特征都进行分析。

轻工业制造建筑和仓储配送建筑相比，停车场更大，建筑占地较少，装卸台平均平方英尺比率较高。这较高的平均比率可能会误导对轻工业制造建筑的识别，因为对于轻工业制造建筑和仓储配送建筑，装载要求是有相同之处的。

一般轻工业制造建筑的顶棚高度与区域仓储建筑的相似，通常在16～24ft(4.9～7.3m)范围内，而其建筑的面积则与大型仓储建筑的相似，在10万ft^2(9290.3m^2)以上。装载要求、电力和建造是轻工业制造建筑的区别特征。

制造类建筑

轻工业制造建筑／演变

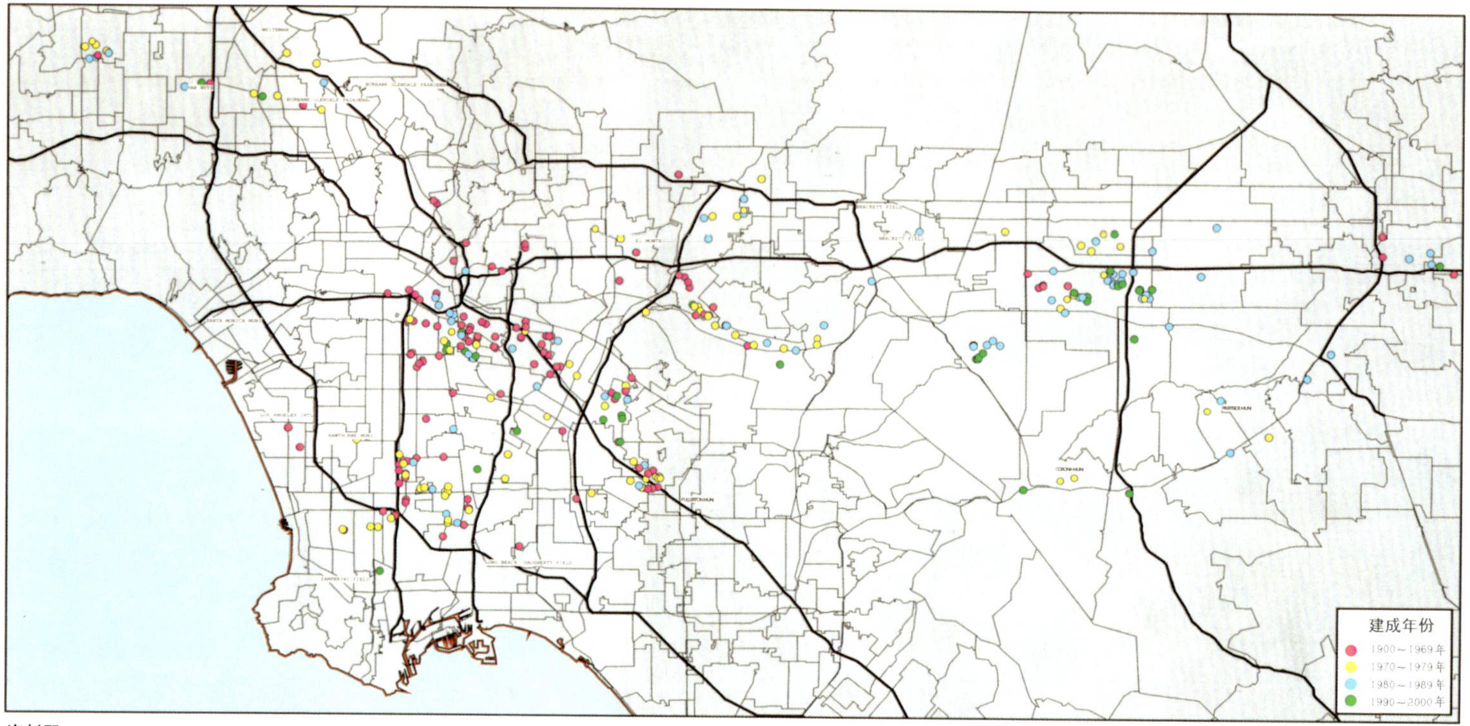

洛杉矶

由于轻工业制造建筑的功能灵活多变，既可用于制造、仓储，又可用于配送，所以这类建筑比其他任何一种制造类设施都更为常见。与重工业制造和机场飞机库设施的特殊结构不同，轻工业制造建筑的设计变化多种多样。

所附图例标识出了在洛杉矶市场上的 392 座轻工业制造建筑。与其他制造类建筑相比，轻工业制造建筑总体上都比较新：32% 建于 1970 年以前，31% 建于 20 世纪 80 年代。而这些设施的平均建造年份是 1975 年。

轻工业制造建筑都比较聚集，这是受分区规划限制和为了接近劳动群体而产生的模式。大多数轻工业制造建筑都位于其他同类型建筑附近，所以几乎没有设施是孤立的。在其他市场上也有类似的地理模式，例如，在芝加哥和丹佛。

轻工业制造建筑将很可能一直是制造类中的主要类型。将来这类建筑还将继续在其结构灵活性方面进一步发展，结合仓储配送设施的使用，实现制造和配送两方面的功能。位于得克萨斯奥斯汀的戴尔计算机公司的帕默路北的制造工厂就是一个实例。这个 30 万 ft^2（27870.9m^2）的设施原是为了进行仓储设计的，但是现在则用于直接为消费者组装和配送产品。

制造类建筑

重工业制造建筑

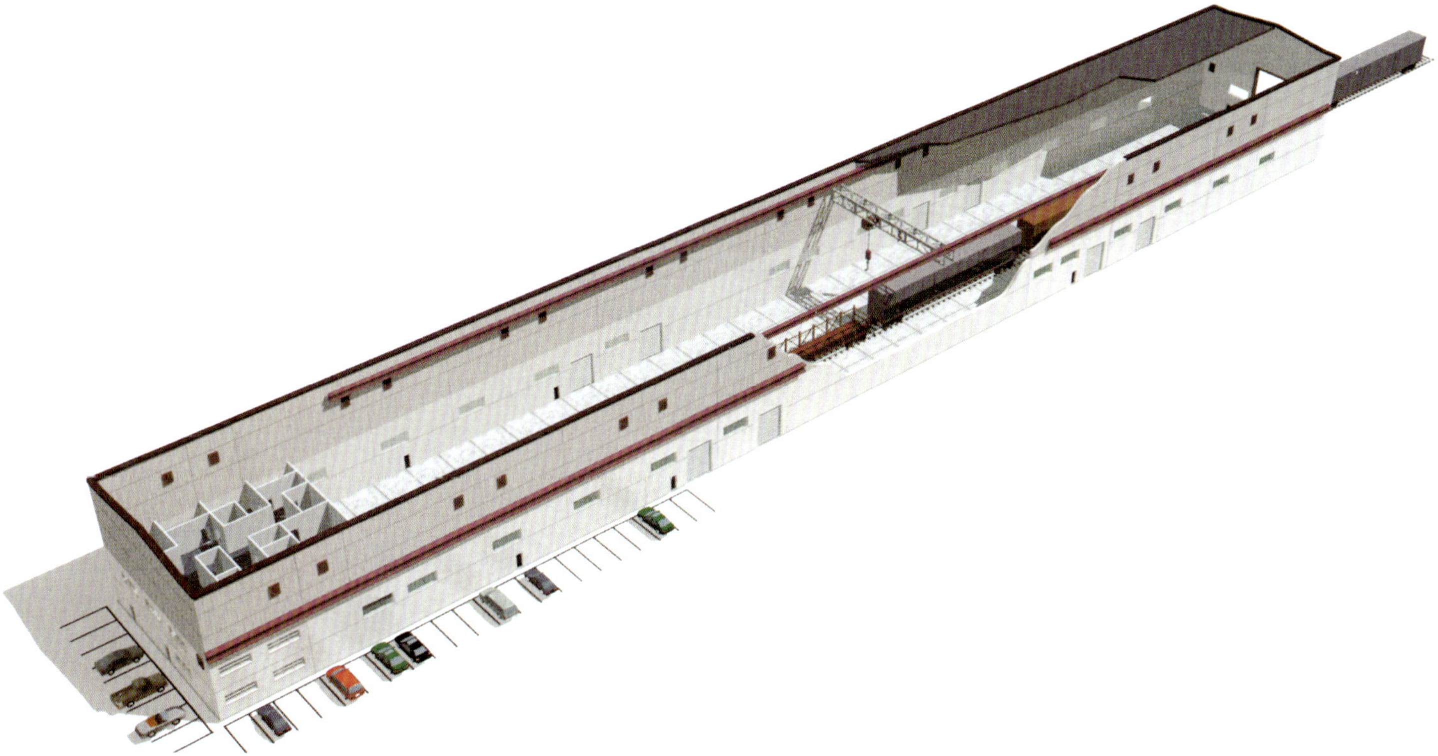

重工业制造设施因其外形尺寸大及供重工业制造程序使用的特点，成为制造类建筑的典型，供制造零件和生产成品的承租人使用。装配则大多数是在轻工业制造设施中进行的。

虽然重工业制造建筑和轻工业制造建筑密切相关，但是它们的大小、装载能力以及内部空间的建造则将它们相互区别开来。重工业制造建筑的大小因建筑的用途可以有很大的变化。建筑的顶棚很高。重工业制造程序需要使用多种运输模式和重型机械。铁路和货车用于外部运输。起重机一般用于内部货物搬运。由于要使用重型机械，所以这类设施也要求充足的电力和适当的地板承载力。电力需求和地板承载力都超过了轻工业制造设施的范围。

制造类建筑

重工业制造建筑／外部

重工业制造设施从外部就可轻易识别。因为这类建筑主要就是为进行重工业制造活动而设计的，所以都很大，而且特殊。其装载能力不像用于仓储和配送功能的建筑的那么显著，对于装卸台数量与空间的比率也没有固定的标准，每 1 万～10 万 ft^2(929.0～9290.3m^2) 一个装卸台不等。在某些重工业制造设施中没有装卸台，只有出入的门。大多数重工业制造建筑都使用铁路运输。在某些设施中，铁路轨道沿着建筑铺设，建筑墙上有轨道门。而在另外一些设施中，轨道则进入建筑内。所用的运输类型和制造者的需求影响着装卸台的数量。

一般情况下，重工业制造建筑都很大，平均面积在 30 万 ft^2(27870.9m^2) 以上。虽然也有 6 万 ft^2(5574.2m^2) 大小的设施，但 100 万 ft^2(92903m^2) 以上的建筑并不少见，特别是在较大的大城市市场上，例如在芝加哥、洛杉矶和新泽西北部。

重工业制造设施的建筑占地率大于轻工业制造建筑的占地率，平均占地率在 40%～50% 之间。这较高的占地率是每平方英尺雇员较少和需要的停车场较少的结果。

制造类建筑

重工业制造建筑／内部

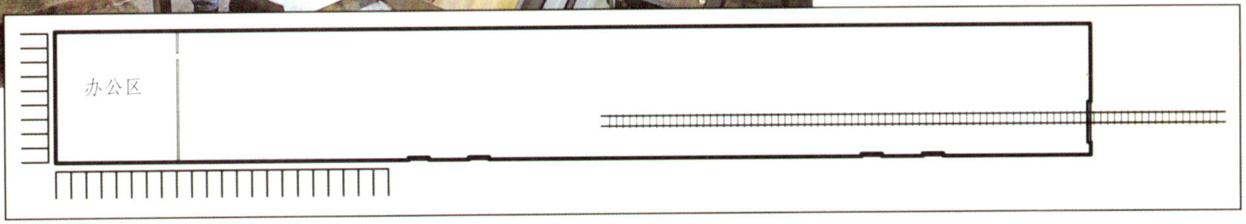

重工业制造建筑的内部主要是依其功用而设计的。近 90% 的空间用于制造，剩下的用于办公。铁路运输所发挥的功能在建筑设计中是个重要部分，特别是要铺设内部轨道时。通常，重工业制造建筑有一个到两个承租人。

重工业制造设施的顶棚在货架式仓储建筑和机场飞机库以外的所有工业房地产类别中属最高，最低 16ft(4.9m)，最高在 60ft(18.3m) 左右。鉴于这种高度，可以在建筑内建造双层的办公区。

起重机的使用和起重量是该类设施的另一个区别特征。虽然在其他的次级类别制造类建筑和仓储配送设施中也会使用起重机，但是在重工业制造建筑中大的起重量则是其一大特点，通常起重量都在 100t 以上。

需要充足的电力和厚实的地板以支持重型设备是重工业制造设施的另外两个特点。例如，一座 30 万 ft^2(27870.9m^2)、使用一台起重机的建筑通常需要 480V 的电最高可达 4000A。而最大型的建筑需要的电量则最高可达 9000A。最小的地板厚度为 6in(15.2cm)，普遍的为 8in(20.3cm)。

制造类建筑

重工业制造建筑／演变

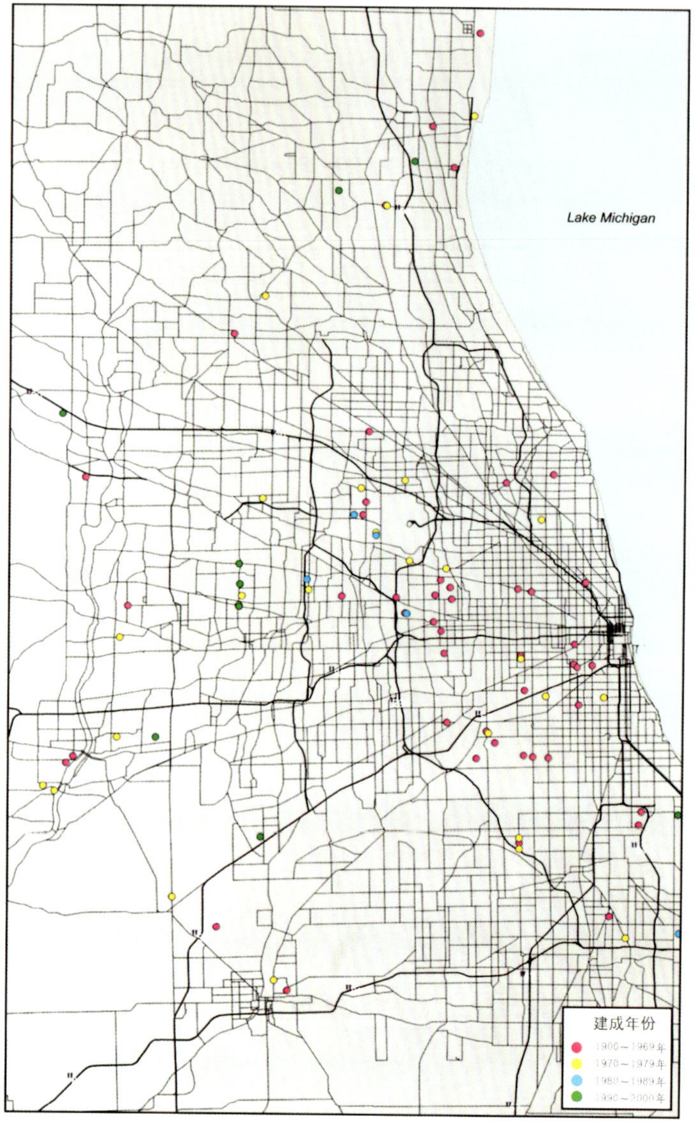

芝加哥

重工业制造建筑功能多样，既可用于加工原材料，又可用于制造标准的零件甚至成品。租赁类型也因多种功能而变化。例如美国钢铁公司（生产钢铁）、通用汽车公司（生产汽车）和摩托罗拉（无线技术制造）都是重工业制造建筑的租赁人。

所附图例标示出了芝加哥市场上的重工业制造设施的演变模式。总体而言，重工业制造建筑是工业建筑中最老的类型，大多数建于 1970 年以前。在这个图例所示的 109 座建筑当中，就有 64 座建于 1970 年以前，只有 19 座建筑建于 1980 年之后，平均建造年份是 1961 年。在像丹佛之类较新兴的市场上的建筑，平均建造年份为 1967 年，属较新建造的。数据表明，这类设施的建造一直呈下降趋势，是与美国国内制造业就业的趋势相一致的。制造业就业人数在 1979 年达到高峰，在 20 世纪 80 年代早期开始下降，而自从 2002 年制造业进入萧条期以来就一直保持相对平缓。

重工业制造建筑并不存在显著的地理扩展模式。这类设施的位置主要取决于分区规划和是否可以提供铁路运输服务。因此，于各个年代建造的建筑都聚集在一起是很普遍的现象。

制造类建筑

机场飞机库

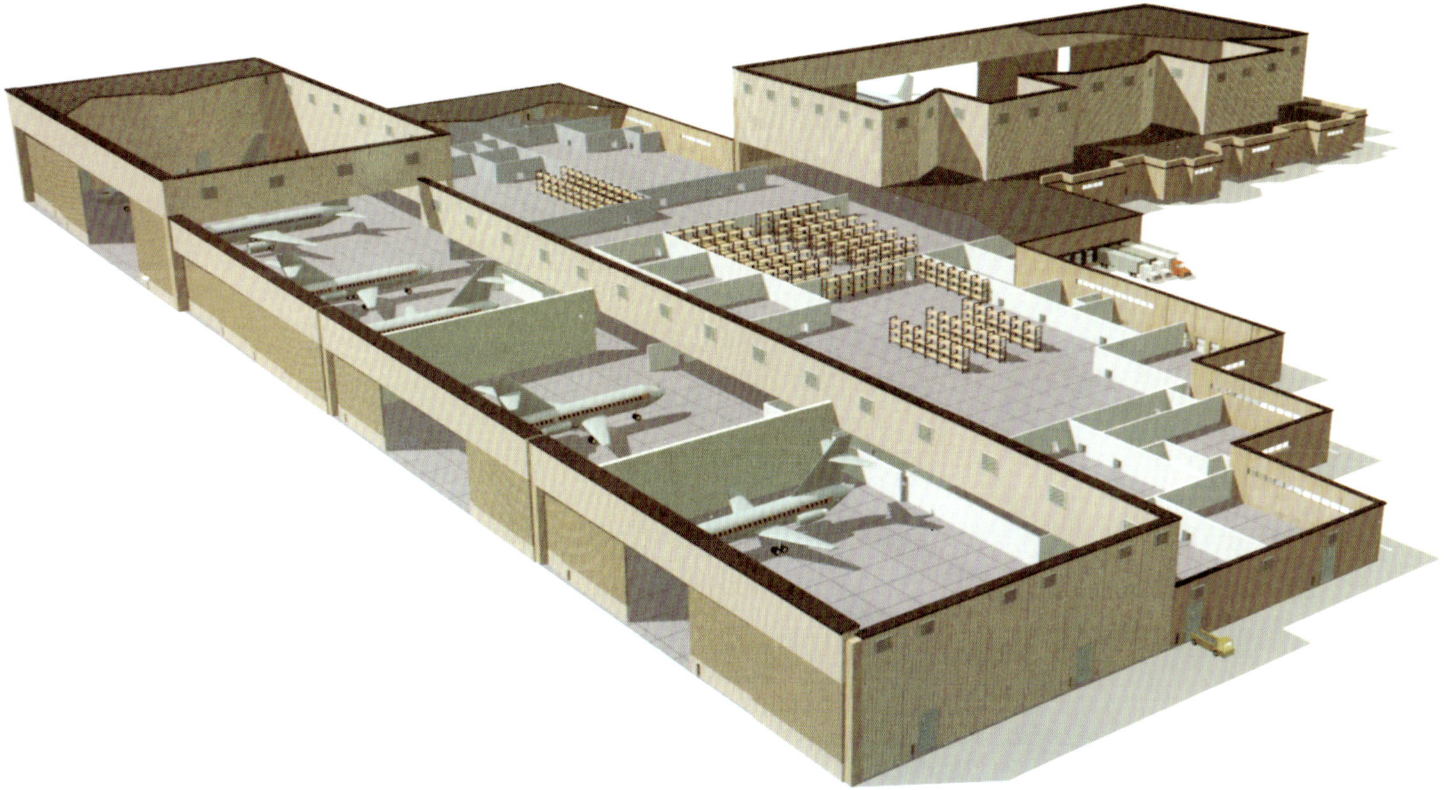

像仓储配送设施一样，机场飞机库也存放产品。而与进行货物储存和配送的仓储配送设施不同的是，机场飞机库主要的功能是用于维修。正因为此，机场飞机库被归入了制造类。

机场飞机库很容易识别，因为它们都相当大，以容下一架飞机。机场飞机库的大小取决于所需存放的飞机的类型。存放商用飞机的机库与重工业制造建筑大小相近，但比其他的工业建筑类型要大且高。机场飞机库的顶棚高度相当于甚至有时会超过货架式仓储建筑的顶棚高度。

机场飞机库内部建设很复杂。除了存放飞机的部分，商用机库还有多个工作间、存放区域和一个分离开用于办公的区域，此外，还有一个带有多个装卸台的发货和接货区域。

制造类建筑

机场飞机库／外部

机场飞机库是独立的建筑，同时综合有几个带办公区域、修理厂和存放空间的飞机库。它们的总面积大小依其结构和所维护的飞机的大小而定。因为机场飞机库是位于机场内的，所以这类建筑不涉及建筑占地率问题。因其独特的地理位置，停车场不是它的一个区别特征。

机场飞机库有装卸台，特别是在多建筑综合体当中。这些装卸台用于运送飞机零件和材料。因为装卸台的数量很少，所以讨论装卸台平方英尺比率是没有意义的。

机场飞机库的前门很独特，飞机就是从这里进入的。由于机场飞机库的大小是严格依照一架商用飞机的大小设计的，不会明显大于这尺寸，所以机场飞机库的前门可以就是建筑的整面前墙。

制造类建筑

机场飞机库／内部

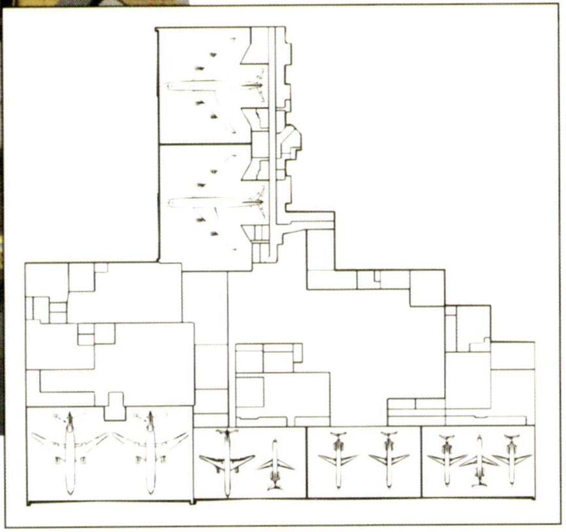

在独立的机场飞机库中，大多数空间都是用于存放和修理飞机的。在多建筑综合体中，飞机的存放和修理约占据一半空间（参见右上方的平面图）。剩余的空间包括修理厂、存放区域和一个办公区域。机场飞机库是用于修理的设施，因此，专业修理厂范围多样，通常包括金属板、机器、飞机引擎金属罩、厨房、合成物和地毯修理车间。有时还会有特别建设的油漆工作间。

和机场飞机库的面积大小情况一样，顶棚的高度也与飞机的类型和大小有关。为最大的飞机波音 747 设计的设施顶棚最高，几乎达到 100ft（30.5m）。较小的商用机库的顶棚高度是 57ft（17.4m），仍然高于几乎所有其他工业建筑类型的顶棚高度。修理厂和办公区域的顶棚高度在 12 ~ 32ft（3.7 ~ 9.8m）范围内。

制造类建筑

机场飞机库／演变

由于机场飞机库位于飞机场内，所以这类设施并没有独立的地理扩展模式。其承租人是航空领域的公司，他们对地理位置有着特殊的要求。和其他类别的工业设施相类似，在近几年里这类建筑的外观更加迷人，质量更为上乘了。

柔性型建筑

柔性型建筑是工业房地产的第三大基本类型，总量为 20 亿 ft^2（1.9 亿 m^2），约占美国工业房地产总供应量的 9%。由于柔性型设施之间的差别很微妙，所以很难将它们再分类。柔性型设施的不同名称反映了它们的多样性：柔性型、研发／柔性型、研发／柔性型／展览型、灵活技术型、服务中心／研发柔性型。这些不同的名称所指的全都是柔性型建筑，这种建筑能够满足技术和服务类租户的要求。柔性型设施内部空间配置灵活，外观漂亮，这是它与其他工业建筑类型相区别的核心特性。此外，判断这些建筑是柔性型，将其与其他工业房地产类别，如仓储配送或制造类建筑，相区别的另一个特征是它们相当高的办公建造比例。

引人注目的外观或良好的"路边感觉"，是柔性型建筑的主要特征。它们使用优质材料和大量的玻璃，精心设计迷人的景观，从而营造出高档次的外观。在内部空间的配置和使用上，这些建筑提供了最大程度的灵活性，两栋外观同样的建筑在内部空间建造上可能大相径庭：一栋建筑可能会提供实验室、高技术生产空间和办公室，而另一栋则按 90%的办公室和 10% 的仓库配置其建造。内部配置和提供的办公空间数量会根据市场需求而进行较大的调整。在那些办公室租金高、办公室空置率低的大都市，高比例的办公空间建造非常普遍。

柔性型建筑的办公空间所占的比例为 25%～ 80%，甚至 100%。但是，这种情况较为罕见，实际上这是延伸了工业房地产的范围。

柔性型建筑这一大类下还可以分成两个小类：研发柔性型和办公展览型，二者之间差异显著，但是都有着柔性型建筑的三个核心特征：良好的"路边感觉"、灵活的设计和高比例的办公空间。

柔性型建筑

类别	面积（ft^2）	办公区域比例（%）	高技术空间和实验室比例（%）	仓储空间比例（%）	顶棚高度（ft）	装卸台比率	"路边感觉"
研发柔性型建筑 有些研发柔性型建筑在外观上类似于低档办公室。研发柔性型建筑的大部分空间用作高技术生产／实验室或办公室。其仓储空间建造最少，这与研发柔性型建筑每 2 万 ft^2（1858.1m^2）空间才有一个装卸台以及对货物装载要求低相适应	高达 10 万	25 ～ 75	25 ～ 75	少于 20	10 ～ 18	平均 1:20000	优
办公展览型建筑 办公展览型建筑和研发柔性型建筑有一些共同属性。办公展览型建筑也类似仓储空间，但是所有办公展览型建筑都拥有柔性型建筑这一大类的三个核心特征：良好的"路边感觉"、灵活的设计和高比例的办公空间	高达 15 万	30 ～ 40	0	高达 70	16～28	1:10000	优

注 1ft=0.3048m；$1ft^2=9.29030\times10^{-2}m^2$。

柔性型建筑

研发柔性型建筑

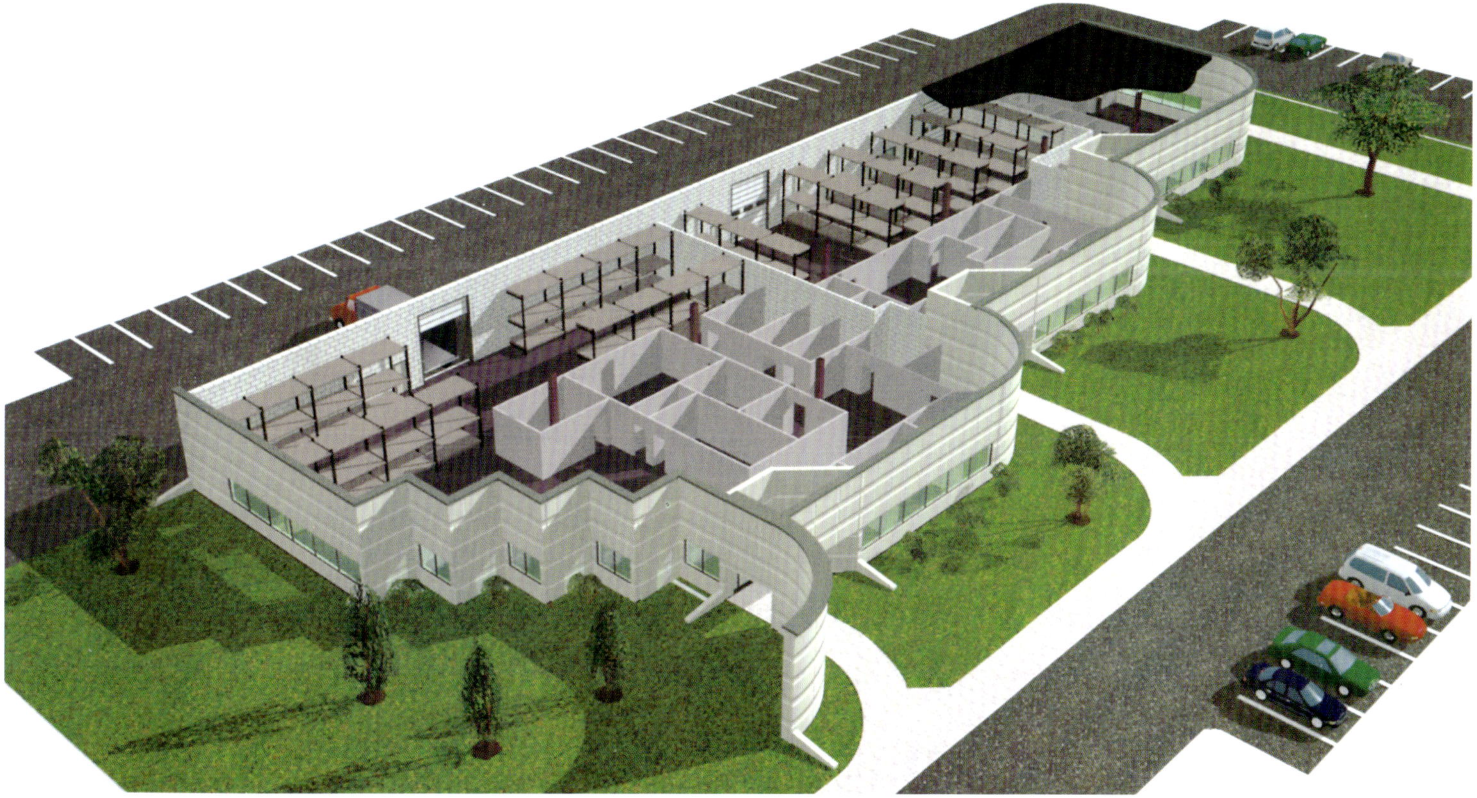

从外观看，高质量的研发柔性型建筑容易和低档办公建筑相混淆，但它们内部迥异。研发柔性型建筑的租户对环境清洁度的要求一般高于制造类建筑和仓储建筑的租户。研发柔性型房地产区的交通流量小，过往汽车多为轻型，重型卡车较少，路况好，绿化面积大，因而更有办公区的氛围。

研发柔性型建筑的规模范围是 2 万～10 万 ft^2(1858.1～9290.3m^2)，一般不超过 10 万 ft^2(9290.3m^2)。它们在规模上类似于多户租赁建筑和区域仓储设施；但是它们的外观和内部空间配置使它们得以归入柔性型建筑类。研发柔性型建筑大部分空间的用途是高技术生产、实验室或是办公室，它们所占的比例可能高达 75%，甚至 100%。仓储空间建造最少，这与研发柔性型建筑每 2 万 ft^2（1858.1m^2）才有一个装卸台以及对货物装卸要求低相适应。

柔性型建筑

研发柔性型建筑／外部

研发柔性型建筑与其他工业建筑类型的明显区别在于它们只要求极小的货物装卸量及有良好的〝路边感觉〞。这些特征和多数工业房地产形成了对比，工业房地产一般需要有重型卡车使用的装卸设施，而对建筑外观是否漂亮没有过高要求。

多数研发柔性型建筑的装卸能力通过装卸台或者更为常见的货车可直接开入的大门实现。研发柔性型建筑的建筑平方英尺数与装卸台的比例很高，平均为每 2 万 ft^2(1858.1m^2) 以上才有一个装卸台。更大规模的设施中，整个建筑也只有几个装卸台，比例为每 2 万～3 万 ft^2 (1858.1～2787.1m^2) 一个装卸台。小规模的建筑可能只有一个货车可直接开入的大门，因而这个比例也是相似的。研发柔性型建筑的外观漂亮，其特征是材料优质，大量使用玻璃和大楼入口高级。景观设计也比较专业，一般都会包括树木、植物和水等要素。其建筑重点不在卡车和拖车停车场，而在小汽车停车场。研发柔性型建筑每平方英尺的雇员数要多于轻工业制造建筑，因而需要的停车场也更大。有些研发柔性型建筑达到了写字楼的停车场水平：每 1000ft^2(92.9m^2)4 个车位。这种高停车场要求使建筑物的占地率降到了 25%～40%。

建筑物的规模和层数是研发柔性型建筑的又一特征。它们的规模很少超过 10 万 ft^2(9290.3m^2)，多为单层建筑，但也有例外。

柔性型建筑

研发柔性型建筑／内部

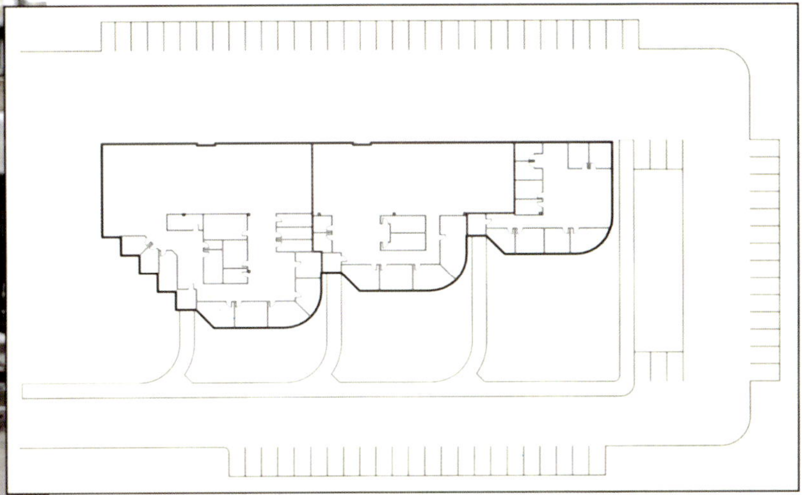

研发柔性型建筑的内部设计一般会根据具体租户的要求进行调整。最小的办公室建造是25%，最大的超过70%。剩余的空间通常在轻工业制造、实验室／洁净室和仓库之间分配，但是，并不是所有的研发柔性型建筑都会有这三种类型的空间。多数研发柔性型建筑拥有多个租户，因而也要求额外的空间建造。

仓库在整个建筑建设中的比例可能低至5%，这也是研发柔性型建筑中空间分配最小的。研发柔性型建筑中轻工业制造空间的使用方式和轻工业制造建筑中类似空间的使用方式不同。虽然研发柔性型建筑中的轻工业制造程序也涉及大功率，但它是以高科技组装为导向的，这种生产过程更为清洁，使用的设备也不相同。实验室或者洁净空间需要特殊的建筑建造，在研发柔性型建筑中是常见的空间类型。

顶棚高度低也是研发柔性型建筑和其他工业建筑相区别的特征之一。顶棚高度最低10ft(3m)，最高18ft(5.5m)，平均高度在12～16ft(3.7～4.9m)之间。

柔性型建筑

研发柔性型建筑/演变

众多公司利用研发柔性型建筑开发、测试和生产产品。因此，研发柔性型建筑是工业房地产类别中科技导向性最强的一种。研发柔性型建筑可以全部作为写字楼使用，尤其是在写字楼市场紧张、租金昂贵的时候。

研发柔性型建筑的出现晚于制造类建筑和仓储配送建筑，最早的研发柔性型建筑于 20 世纪 50 年代建造（见所附丹佛市场图例）。该图例中，研发柔性型建筑的平均建造年份是 1984 年，这与其他主要工业房地产市场一致。值得注意的是，丹佛图例中几乎 60% 的研发柔性型建筑都是在建筑繁荣期的 20 世纪 80 年代竣工的。

研发柔性型建筑在新老建筑群中都可见到，这表明研发柔性型建筑与制造类建筑有着相似的发展模式。在分区规划以及要与熟练劳工邻近这两个因素的驱动下，在多数工业房地产市场都会出现研发柔性型建筑比其他区域集中的一个子市场。

除了研发柔性型建筑区，新开发混合用途的商务园（business park）的现象也很普遍。这些商务园由不同的工业建筑类型组成，这对那些可以从不同建筑类型互相邻近的地理优势中获益的租户颇有吸引力。

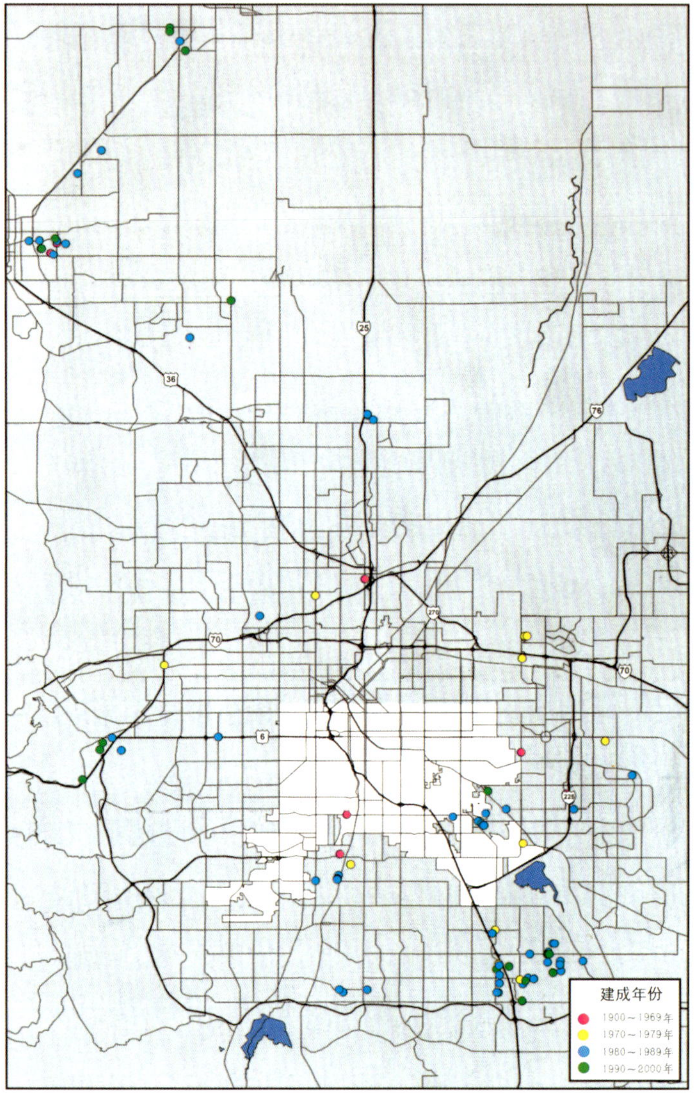

丹佛

柔性型建筑

办公展览型建筑

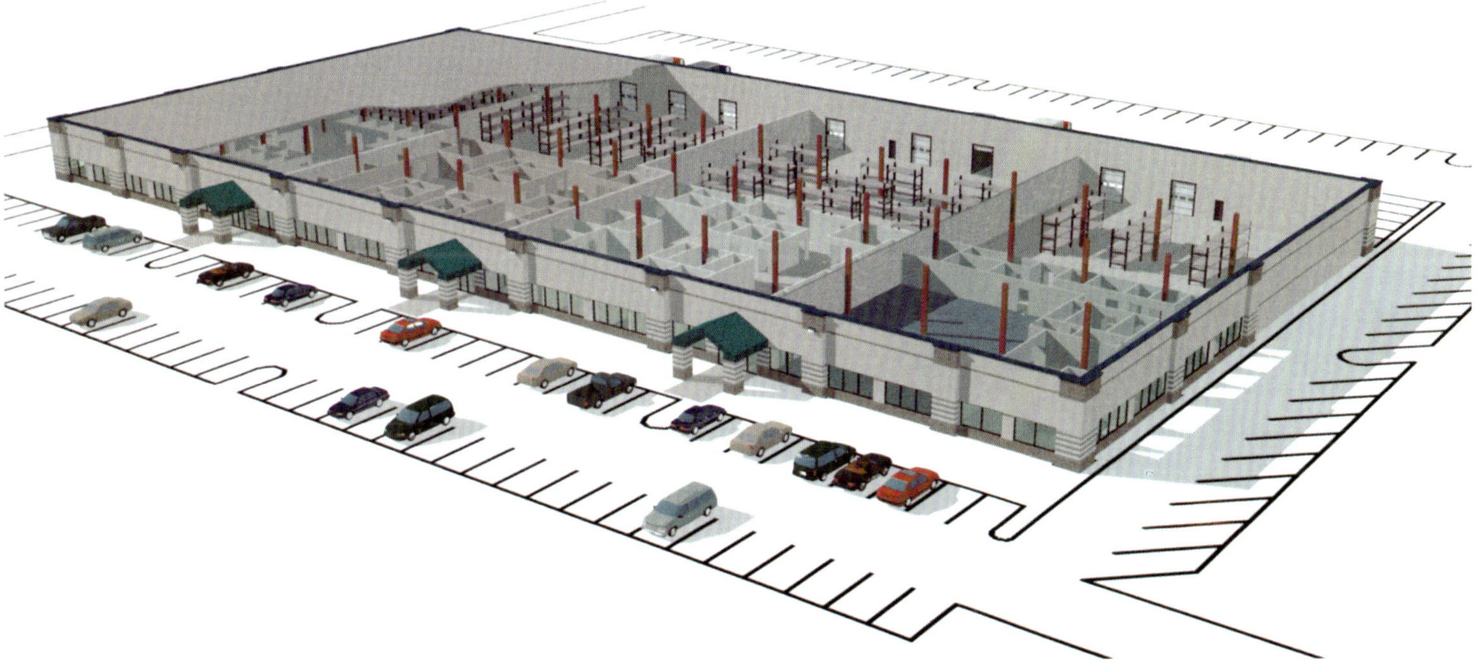

办公展览型建筑提供多种不同的功能，通常这类建筑的 40% 用作办公空间，最多 60% 用作仓库空间，还有最多 20% 的空间用于零售陈列。正是这些零售空间部分使得办公展览型建筑与其他工业房地产类型区别开来。事实上，"展览室"一词就是意指零售空间建造的潜力。

办公展览型建筑和研发柔性型建筑类似，但也与仓储配送建筑有着相同之处。顶棚高度较高和每一装卸台对应的建筑平方英尺数低使其更类似仓储配送建筑。而良好的"路边感觉"、漂亮的景观、低占地率、较大的办公室建造却使其归入柔性型建筑这一大类。

办公展览型建筑和研发柔性型建筑以及仓储配送建筑都有共同之处，但是要将其分门别类还需要其他的关键要素。这些建筑的前部外观装饰高级，而后部有多个装卸台和大进深的卡车停车场。办公展览型建筑的平均顶棚高度是 20ft(6.1m)，这个高度和研发柔性型建筑的不同但与仓储配送建筑的相近。

柔性型建筑

办公展览型建筑／外部

办公展览型建筑外观华丽，这一点和研发柔性型建筑相似而与区域仓储设施不同。但是办公展览型建筑的货物装卸能力是一项与研发柔性型建筑完全不同的特征，却与仓储配送建筑相一致。

当有零售部分时，为了吸引客流量必须有迷人的外观。事实上，办公展览型建筑的客流量大于其他任何一种工业建筑类型，但是这类建筑的后部要进行货物装卸，与仓储建筑相似。建筑平方英尺数和货物装卸台的平均比率约为 10000：1，是研发柔性型建筑常见比率的 1/2，和区域仓储设施的比率相一致。

办公展览型建筑的规模一般在 2 万～15 万 ft^2(1858.1～13935.5m^2）之间，但也有超过这个规模的例外情况。和研发柔性型建筑相比，办公展览型建筑对停车位的要求稍低一些，仅为每 1000ft^2(92.9m^2)2.5 个。但是它们用于货物装卸的土地更多：平均占地率为 30%～40% 之间，最大 50%，这个比率也是柔性型建筑这一大类的要求之一。

柔性型建筑

办公展览型建筑／内部

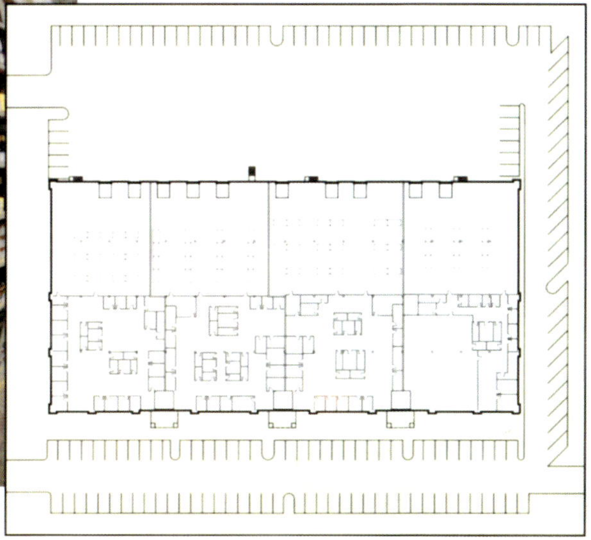

办公展览型建筑通常会分给多个租户使用。它们的内部空间配置比研发柔性型建筑简单。在包含零售空间的办公展览型建筑中，办公室和仓库所占的比例之和一般是80%。办公空间所占比例在30%～40%之间，这和标准区域仓储建筑相比高出大约15%。建筑建设的质量也更高，与办公展览型建筑的总体外观相一致。

办公展览型建筑的顶棚高度和建筑仓库部分的功能直接相关。顶棚最小高度是16ft(4.9m)，最大高度可达28ft(8.5m)。高顶棚仅见于建筑的仓库部分，办公室部分的顶棚则下降到普通办公室的高度。

多户租赁建筑

类别	面 积 (ft²)	办公区域比例（%）	制造区域比例（%）	顶棚高度（ft）	装卸台比率	形 状	住 户
多户租赁建筑 典型多户租赁建筑结构小巧，设计外形为非矩形，大多为L形或U形。但每个市场上都有大量不同的其他外形。多户租赁建筑的灵活性强，是适于多租户的理想用房。大部分租户空间在5000～1.5万 ft²(464.5～1393.5m²) 范围之间。办公室建造区别甚大，某些情况下甚至可能超过50%。是否有办公室和仓库以外的其他空间类型出现取决于租户的需要	可高达12万	可高达50	可高达60	16～24	不一	非矩形	通常为多户租赁

注 1ft=0.3048m；$1ft^2=9.29030\times10^{-2}m^2$。

多户租赁建筑

多户租赁建筑

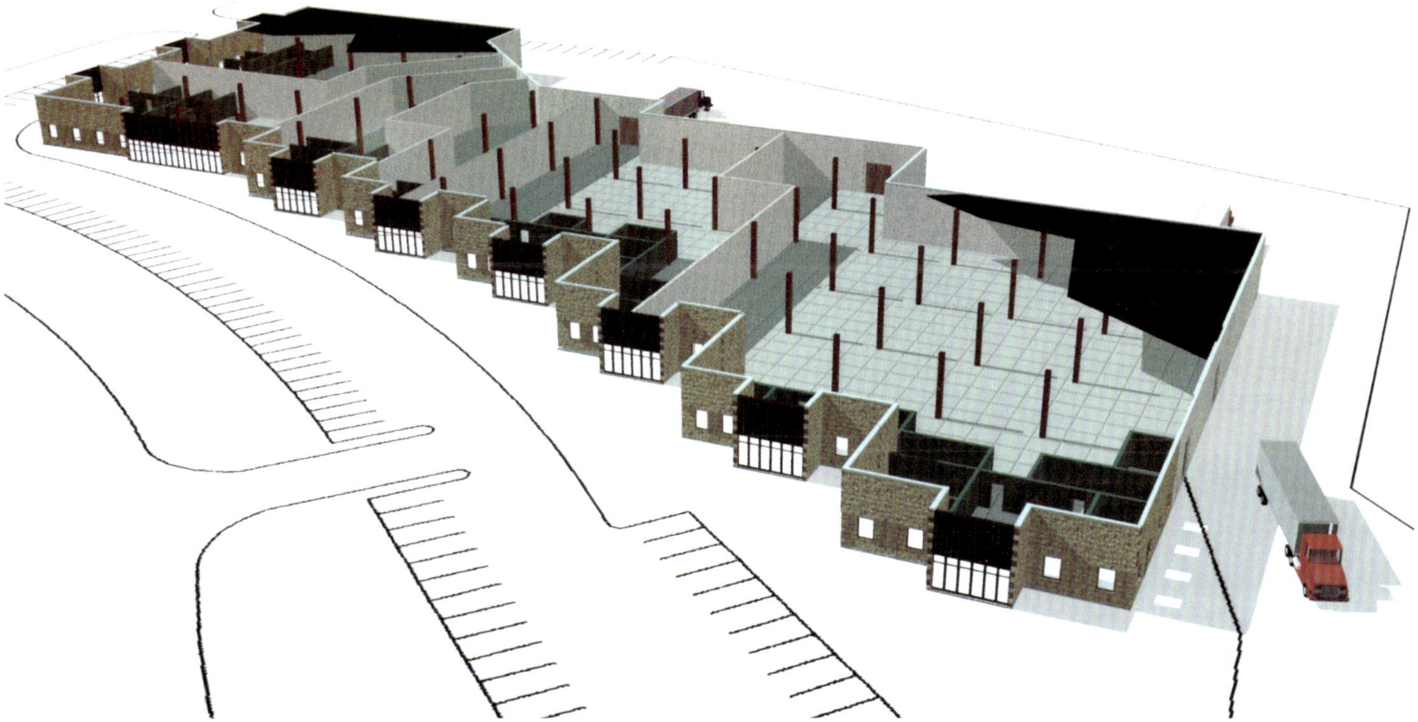

多户租赁建筑是工业房地产中灵活性最强的类型之一，因而也是多租户的理想用房。多户租赁建筑外形一般是非矩形，大多呈L形或U形，但每个市场上都有大量其他外形的个案。

多户租赁建筑与其他建筑的区别特征是建筑的灵活性。多户租赁建筑和区域仓储建筑相比，有较高的办公空间比率，有零售空间，在空间使用上也存在重大差异。多户租赁建筑和研发柔性型建筑相比，顶棚高度较高而对"路边感觉"的要求不高。与轻工业制造建筑相比，多户租赁建筑对电力要求较低，对货物装卸能力要求更高，地板载重要求低一些。

多户租赁建筑

多户租赁建筑/外部

多户租赁建筑属于工业建筑中规模较小的一类，平均规模在8万～12万ft^2(7432.2～11148.4m^2)之间，但也有小于2万ft^2(1858.1m^2)的情况出现。多户租赁建筑的外形各不相同，但一般不取区域仓储建筑那样的矩形。

多户租赁建筑对货物装卸能力要求较低，装卸台或者货车可直接进出的大门可能是公用的，也可能是私有的，其要求低至每4000ft^2(371.6m^2)就设一个装卸台或供货车直接进出的大门。由于多户租赁建筑的设计存在差异，其货物装卸能力也没有一个标准数据或平均数据。有些多户租赁建筑的建筑平方英尺数对装卸台的比率近似重型配送建筑的比率，而有些多户租赁建筑则只有几个所有租户公用的装卸台。两种情况下每个租户对应的装卸台数量的比率都是很低的，因为每栋建筑的租户数量都很高。有些建筑只有货车进出大门没有装卸台，而有些则两者都有。

多户租赁建筑和研发柔性型建筑或办公展览型建筑之间的外部区别特征在于其立面处理和景观设计。多户租赁建筑通常既能在前部也能在后部装卸货物。建筑的外观不如柔性型建筑的漂亮。建筑场地的最大化使用趋势导致了多户租赁建筑更高的使用率。尽管标准多户租赁建筑都有货物装卸能力，但它的货物进出的频率和数量都比较低。尽管每平方英尺雇员的数量高于物流配送建筑，但仍相对较低。因而，多户租赁建筑不需要仓储配送建筑那么多的卡车停车场，也不需要制造类建筑和研发柔性型建筑那么多的停车位，这使得多户租赁建筑的占地率高达50%以上。

多户租赁建筑

多户租赁建筑 / 内部

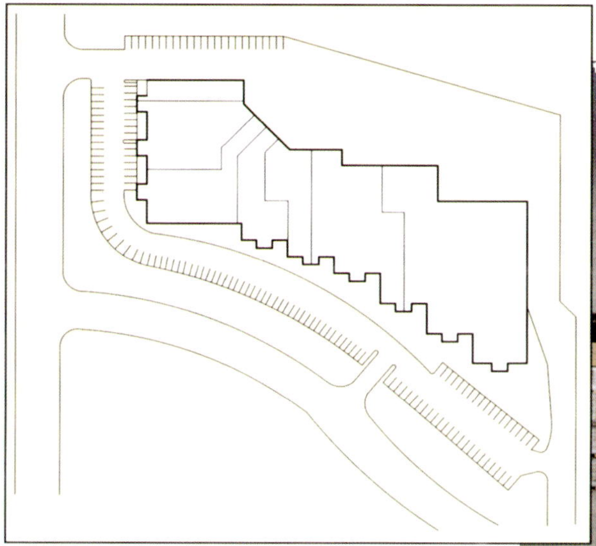

各租户单元的平均规模会影响特定多户租赁建筑的整体规模。一般而言，租户单元的规模从 5000 ～ 1.5 万 ft^2(464.52 ～ 1393.55m^2）不等，很少有超过 2 万 ft^2(1858.06m^2）或整个建筑面积的 25% 的。然而，小于 3000ft^2(278.71m^2）的租户单元却不少见。

多户租赁建筑的空间建设比例在建筑与建筑之间以及单元与单元之间各不相同。办公空间的比例相对较高：50% 的并不罕见。办公空间较高的建造比例是由于每个租户无论其单元规模大或小都有最低办公空间要求。单元剩余空间的利用取决于租户的商务类型及建筑本身的容量。空间的利用可以是仓储、展示、制造甚至通信等各种目的的组合。

多户租赁建筑的顶棚高度从 16 ～ 24ft(4.88 ～ 7.32m）不等，处于研发柔性型建筑高度与重型配送建筑高度的中间区域，与区域仓储建筑的高度相同。

多户租赁建筑

多户租赁建筑／演变

多户租赁建筑功能多样，因而没有典型用户类型，它们能够适应任何需要少量工业建筑空间的租户的需要。但是物流公司不会租用多户租赁建筑，因为这种建筑不是为物流配送而设计的。

附图标出了丹佛市场上的73座多户租赁建筑。尽管仓储配送建筑跟随人口扩张，柔性型建筑和制造类建筑集群分布，但各年代所建的多户租赁建筑既有靠近城市中心也有远离城市中心的，建筑群的规模也非常小，造成这种模式的原因是这种建筑的规模小，功能多。由于多户租赁建筑没有对特殊条件的要求，如必须连接主干道或光缆，多户租赁建筑的这种分散型的分布模式有望继续得以保持。

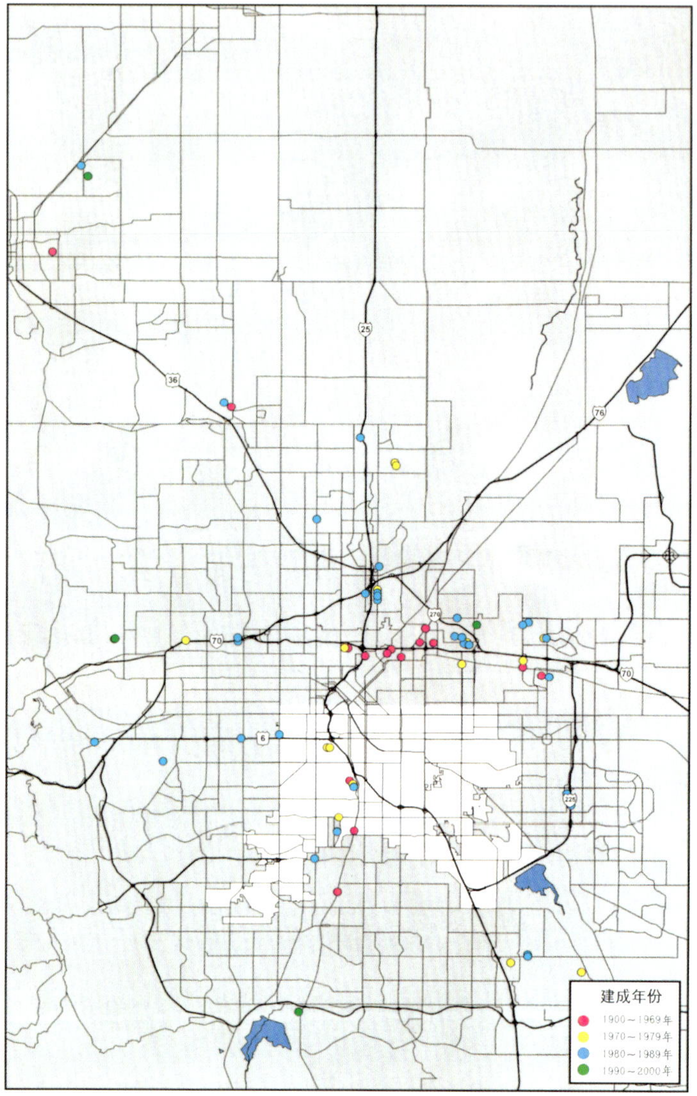

丹佛

货运建筑

货运建筑的存在已有数十年的时间了，但在历史上并未把它划为一种单独的工业建筑大类。但是，由于它们的物理特征独特，有理由单独创立货运建筑这一大类。货运是供应链管理中的一项主要功能。在货运的四种主要渠道——空运、汽车运输、火车运输和轮船运输中，只有汽车运输直接把工业建筑和其他的房地产（如零售店）联系起来。联合货运是指将货物从一种运输方式转为另一种运输方式，它通常发生于飞机和汽车、火车和汽车、轮船和火车以及轮船和汽车之间。此外还存在内部运输模式，即在一种货运方式内运输货物。

多数货运都不涉及建筑的使用。例如在主要交通枢纽，铁路货场提供了一种越来越普遍的运输方式。在这些设施中，将单个集装箱转移到汽车上是通过巨大的磁铁完成的，这一过程在户外进行，不涉及建筑。港口的货运涉及轮船与铁路或汽车，一般也不要求建筑。但是这并不意味着这些货运设施不需要办公、仓储配送和制造类建筑等辅助结构。需要建筑的两种货运过程是汽车到汽车的内部运输和飞机到汽车的联合运输。

判断是否将一栋建筑归于货运建筑类型的物理特征是货物装卸能力、建筑配置和空间建造。货运建筑在两面墙上建有货物装卸台，这一点类似重型配送建筑。对于货物的有效流通而言，这种交叉货物装卸台的配置也是必要的。建筑平方英尺数对货物装卸台的比率很低；充足的拖车停车场也是一个关键条件。

建筑配置在货运过程中起重要作用。货物从建筑的一端转移到另一端的距离被降至最小，所以货运建筑取矩形，总是长大于宽。

货运建筑的内部空间建造与其他工业房地产类型有很大的差别。办公室和仓储空间很小，没有制造空间。因为货运建筑的唯一功能就是转移货物，而不是储存，所以这些建筑没有储存区。货运建筑的主要空间用于整理分类货物。

汽车运输和空运采用两种不同的建筑配置。这些建筑分别被分类为货运站和空港。但是，这两种类别都有货运建筑大类的核心特征：货物装卸能力高，矩形建筑配置，简单的空间结构。

货运建筑

类别	面积 (ft^2)	办公区域 比例（%）	制造区域 比例（%）	顶棚高度 （ft）	装卸台 比率	拖车 停车场	占地率
货运站 所有货运站都有交叉货物装卸台，它的建筑平方英尺数和货物装卸台的比率很低，大多数建筑为500～1000ft^2(46.5～92.9m^2)一个货物装卸台。外形呈矩形，理想宽度约为60ft(18.3m)。货运站的另一个区别特征是停车场比率低，顶棚高度低，货架极少，有拖车停车场，占地率低，建造简单，没有制造空间，办公空间小	可高达10万	5	0	12～16	1:500	理想状态为一个货物装卸台一个拖车停车位	20%
空港建筑 空港建筑可以从其所在位置加以区分：它们位于机场。这些建筑的功能是在飞机和卡车之间转移货物，典型的空港建筑设有交叉货物装卸台，因为这类建筑不是用于储存，所以它们多数空间用于整理分类和包装货物	可高达10万	10	0	高达30	1:5000	常见	不适用

注 1ft=0.3048m；1ft^2=9.29030×$10^{-2}m^2$。

货运建筑

货运站

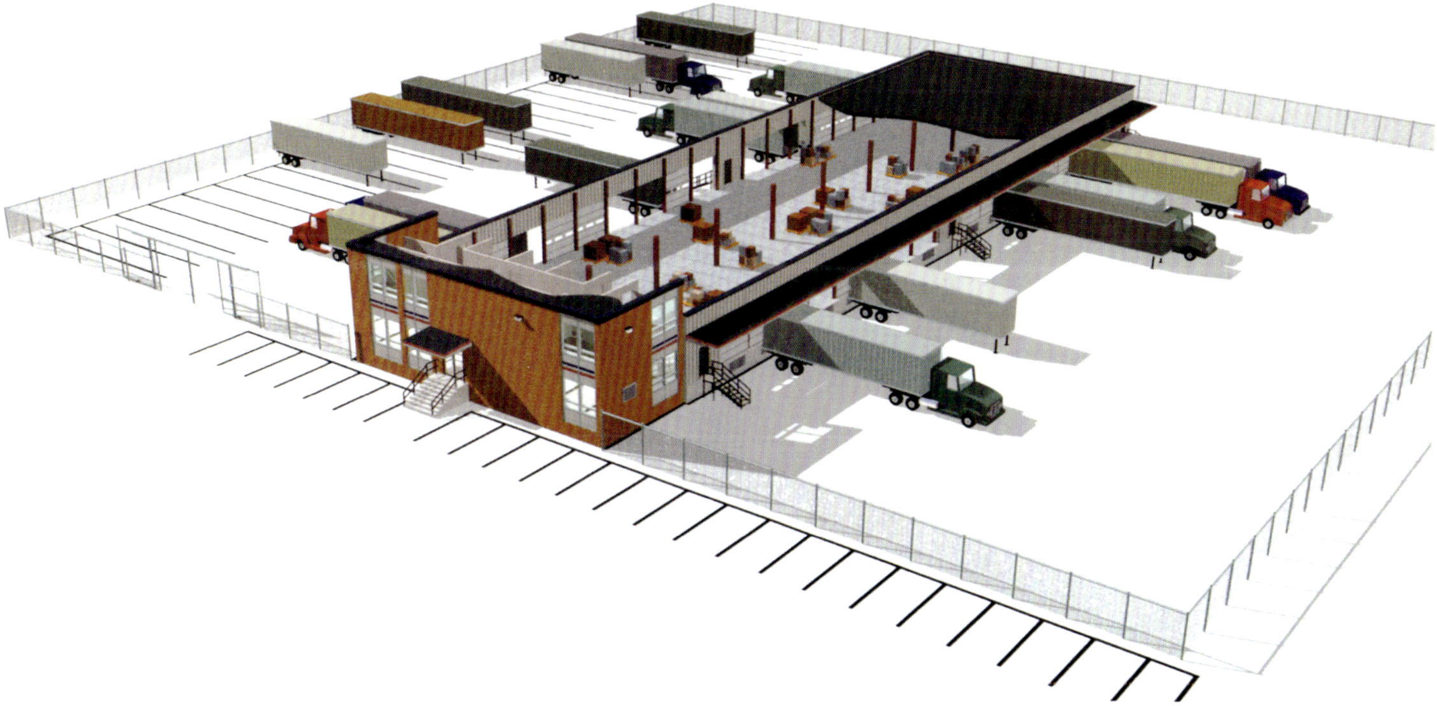

货运站和其他所有类型的工业建筑都有很大区别，但它们在外观上仍有共同之处，特别是和那些有配送功能的建筑。

所有的货运站都设有交叉货物装卸台，建筑平方英尺数和货物装卸台的比率很低，低至每 500 ~ 1000ft^2（46.5 ~ 92.9m^2）一个货物装卸台。建筑的外形是另一个分类参数。货运站多为矩形，理想宽度约为 60ft（18.3m）。除此以外，货运站还有其他区别特征：停车场比率低，顶棚高度低，货架极少，有拖车停车场，占地率低，内部建造简单，没有生产空间，办公空间少。

货运建筑

货运站/外部

货运站规模小，一般不超过 10 万 ft^2（9290.3m^2）。它们的货物装卸能力是其主要特征之一。除了它们的交叉货物装卸台配置之外，货物装卸台的数量之多也是其他工业建筑类型无法比拟的。每 500ft^2（46.5m^2）一个货物装卸台的比率甚为常见，这一点可以通过它们 60ft(18.3m) 的理想建筑宽度得到保证。这一要求和重型配送建筑的相比更为特殊，因为货物装卸台通常是沿着两面平行的墙安排的。货运站也需要拖车停车场，理想的拖车装卸货车位数量应该和建筑的装卸台数量相对应。

对于货运站而言，汽车停车场不是重要特征。每 1500ft^2（139.4m^2）建筑面积设立一个停车位已足够使用。货运站的占地率低，约为 20%，这是因为这种建筑的两端是卡车停车场和重型拖车车位。

货运建筑

货运站／内部

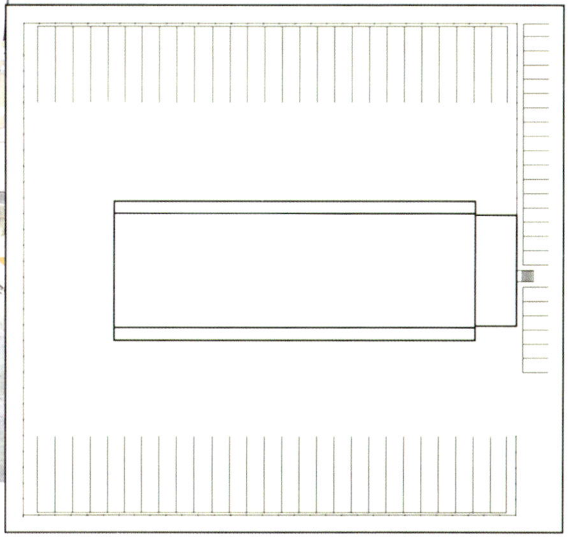

"站"一词指的是这种建筑的内在特征。它不像重型配送建筑那样储存货物，其唯一功能就是将货物从一辆卡车转移到另一辆。考虑到它的这种功能，货运站被设计为狭长的形状。

由于货运站的功能是转移货物而不是储存货物，它的顶棚高度很低，只有 12 ～ 16ft(3.7 ～ 4.9m)。这一高度低于任何仓储配送建筑的顶棚高度。它的空间建造非常简单。大约 95% 的建筑空间用于转移货物，剩下的部分是办公空间。有些货运站中，办公室在建筑物末端可以是两层楼。在两层楼配置的情况下，办公室的总比率约为 10%。货运站没有生产制造空间。

货运站在电力和地板承重方面的要求很低，这一点和多数工业建筑类型不同。由于转移货物无需使用重型机械，所以少量电力即可满足需求。较小的建筑，电流最小只有 200A；较大型建筑，电流也不超过 800A。由于顶棚高度低，货架少，没有重型机械，货运站的地板厚度一般无需超过 4in(10.2cm)。

货运建筑

货运站／演变

由于货运站的主要功能是转移货物，最常见的租户就是物流公司。附图标出了芝加哥市场上的16处货运站。其他城市中也能找到类似的例子。由于芝加哥市场一例的规模较小，所以还不可能对货运站的平均年龄和演变模式进行归纳。

货运站和制造类建筑一样面临分区规划的限制。许多城市限制或不允许使用货运站。它的扩张模式主要受到分区规划的限制，其次是是否连接高速公路。

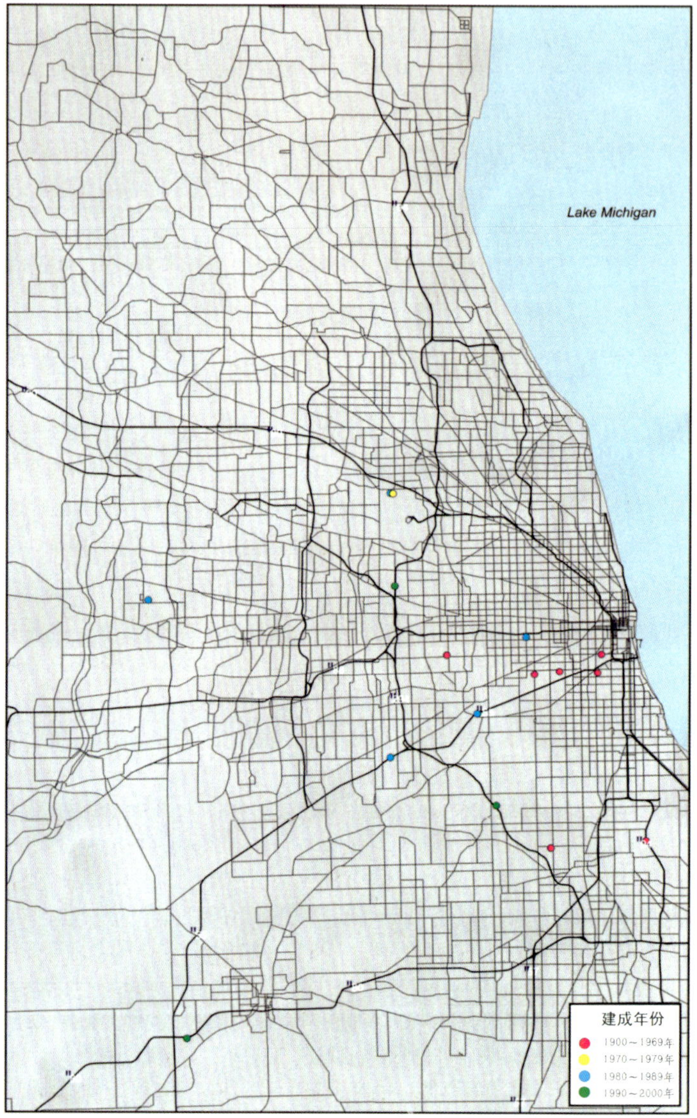

芝加哥

货运建筑

空港建筑

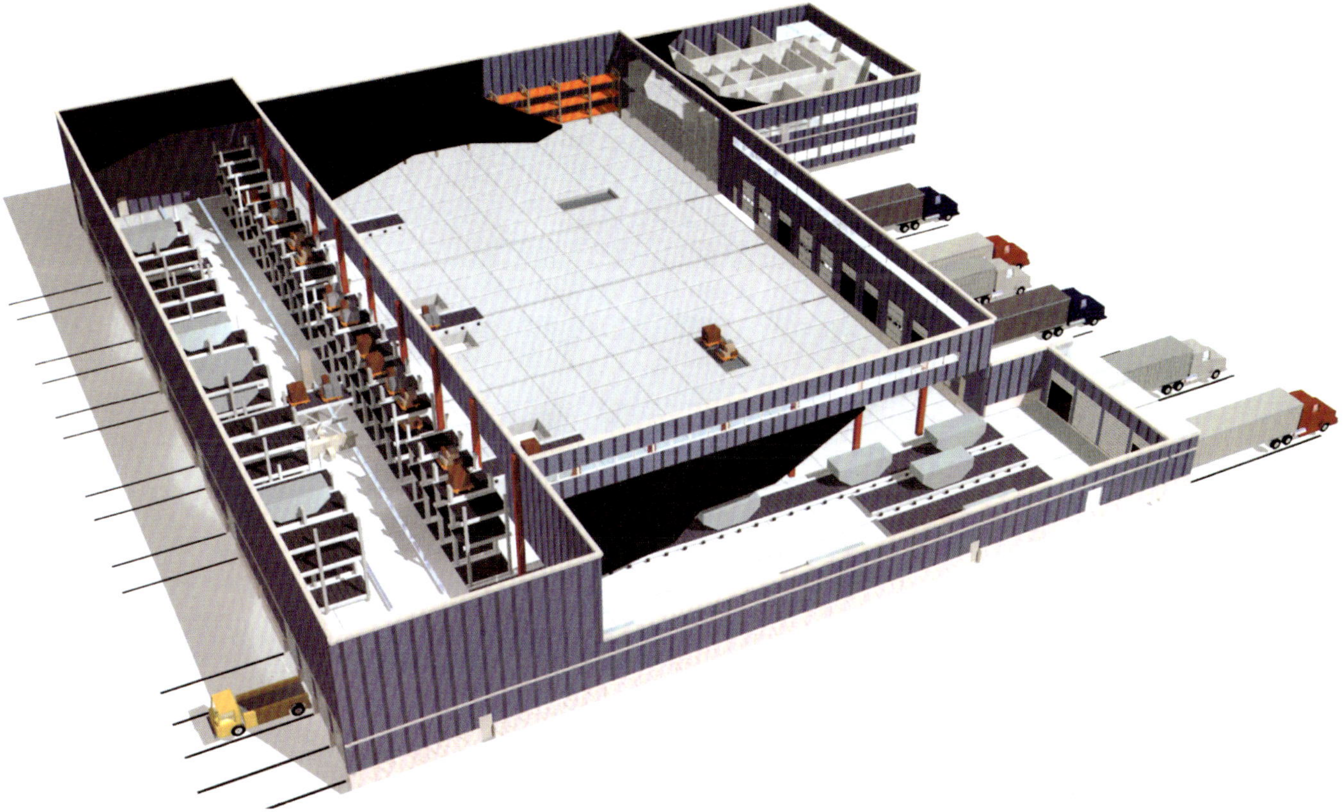

空港建筑可以根据其是否处于机场地域加以区分。它们的主要功能是在卡车和飞机之间转运货物。划分空港建筑的标准就是建筑是否涉及飞机。在历史上，空港建筑主要和某一特定的租户类型相关，而与其物理特征无关，因而多数航空公司使用的大型仓储建筑或重型配送建筑通常都会被归入空港建筑。但是，由于本书的分类法使用的依据是物理特征，因而将大部分这类建筑归入到了仓储配送建筑。

这类建筑的位置和货物处理要求使它产生了其他独特特征。典型的空港建筑采用交叉货物装卸台布局的，以保证货物流通顺畅。由于这种建筑类型不属于仓储建筑，它也有和货运站类似的独特内部建造。大部分空间用于货物的整理分类和包装，而不是用于储存。另外，由于这种建筑位于机场，因而也没有典型的占地率范围。

货运建筑

空港建筑／外部

空港建筑的外观受到它们在机场所处位置的影响。整个建筑可以处于机场围墙以内，也可以正好位于机场边界上。空港建筑采用交叉货物装卸台格局，外面供标准重型卡车使用，里面则使用机场小型车辆。这种小型车辆可以通过出入门直接开到装卸台进行装卸。飞机可以被拉近这些建筑，但不能像旅客登机口那样直接连接。

空港建筑占用了机场的很大一部分面积。出于机场安全的考虑，这些建筑不设停车场，拖车围绕空港建筑停放，但是不对场地的大小造成影响。这些综合的位置条件使得占地率的计算变得没有意义。

空港建筑的规模取决于机场运输的货物量。所以，空港建筑一般根据租户的规模而特别建造，一般而言，这些建筑的规模较大，类似重型配送建筑。

货运建筑

空港建筑／内部

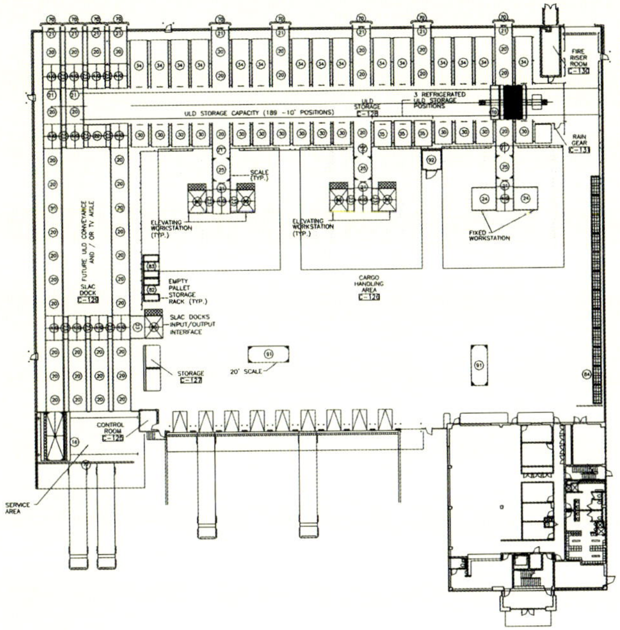

设备名称	件号
升降搬运车(ETV)	10
移动卡车装卸台	16
电动平台，10' 窄边引导(NEL)	20
电动平台，接口，窄边引导(NEL)	21
电动平台，10' 宽边引导(WEL)	22
电动平台，接口，宽边引导(WEL)	23
固定高度工作站 (WEL)	24
电动平台，10' NEL，附带内置斜坡	25
便携式工作站(10')	26
防滑电动仓储平台，10' (NEL)	30
防滑电动仓储平台，20' (NEL)	34
冷冻仓储平台10' (NEL)	35
右角平台(RAD),10'	40
升降工作站(WEL)	60
防撞推车／搬运车(NEL)	70
防撞升降工作站 (10' ＋接口)	73
防撞固定高度工作站	74
防撞卡车转车站	77
架式结构升降搬运车系统	81
空栈板架，88''	82
空栈板架，96''	83
散货架	84
地面斜坡，20'	91
冷房	92

现代空港建筑由四个部分组成：办公室、整理分类和过磅区、储存区和货物流通区。办公室部分和货物区分开，面积不超过总面积的10%。夹层办公室或可以是两层的独立办公室建造也比较常见。货物整理分类和过磅区沿着货物装卸台的墙面安排，是最大的区域，转运来的货物在这个区域里进行整理分类、过磅和包装。然后这些货物被运入储存区，直到它们被装上飞机为止。由于空港建筑不是仓库，储存区的面积仅占总建筑面积的30%左右。以集装箱包装的货物还要经过第四个区域，在这里集装箱直接在飞机和卡车之间传送。

货运过程基本上是自动化的，需要的工人数量很少，特别是在现代化程度高的建筑里。货运设备包括装有多个发动机的平板车、磅称、升降台和传送装置，以及多种离合动力的堆放板。

空港建筑的顶棚高度有所差异。一栋建筑四个区域的顶棚高度可以是不同的。一般而言，空港建筑的顶棚高度为24ft(7.3m)左右，与仓储配送建筑的顶棚高度差不多。

货运建筑

空港建筑／演变

空港建筑的演变模式和机场飞机库的演变模式相同。二者都完全依赖机场的出现。物流领域的进步也影响到这种建筑的结构演化模式。现代空港建筑趋向于进一步自动化，这使得每平方英尺的雇员数进一步减少。这种趋势有可能仍将继续。

近年来，重型配送建筑和空港建筑相互融合，空港建筑类型中逐渐产生了一种新的混合房地产类型。实际上，它在结构上是一种交叉货物装卸台布局的重型配送建筑，它的一面开有货物装卸台大门，对应的另一面则开有空港货物装卸车进出的大门。这些建筑的规模较大，因而也有较高的顶棚。与单纯的货运和仓储配送建筑相比，这种混合型房地产数量较少，但是其数量正在增加。本书并未将这种混合房地产类型单独分类，因为这种建筑可以归于以上两种房地产类别的任一种中。这里将其归入了货运大类中的空港建筑子类。

数据转接中心

数据转接中心是工业房地产中最新的一种类别，过去有时把这种建筑归于写字楼一类，或者根本不加分类。一般而言，数据转接中心不被认为是投资性财产，在多数情况下是由业主使用。近年来，虽然仍有许多数据转接中心由业主直接使用，但也开始转变为一种投资机会。

数据转接中心可以新建，也可以对已有建筑加以改建。被改造的建筑并不属于某种特定的建筑类型——写字楼、顶楼和工业房地产只要满足一系列具体的条件，就能被改造成数据转接中心。在这些条件中，最重要的是光缆连接。

无论是新建的数据转接中心，还是改造而来的数据转接中心，它们的物理特征都符合工业房地产的特征。其中关键的区别特征是电力和地板承重要求。数据转接中心的最小电力要求达 60W/ft^2(5.6W/m^2)，是所有工业房地产中电力要求最高的类型。多数数据转接中心的租户都预计未来的电力需求可能会达到 200W/ft^2(18.6W/m^2)。数据转接中心还要求较高的每平方英尺地板承重量，因为数据转接中心中安放和运行的设备通常都沉重而密集。

此外，还有另一个重要的参数是系统冗余度，或备用设备。数据转接中心需要保持不间断运行，所以，所有的暖通空调、电力和防火系统都需要有后备系统。

数据转接中心

类别	规模	办公区域比例（%）	制造区域比例（%）	顶棚高度（ft）	装卸台比率	电力	防火系统
数据转接中心 数据转接中心可以经过改造旧建筑而来，也可以作为高技术建筑新建而成。改造而来的建筑的规模和配置差异很大，难以从外观加以区分。而新建的高科技建筑则更加统一，也易于区分。它们的关键区分参数是高地板承重量，高电力要求，所有电力、安全以及火灾检测和控制系统都有冗余	任何规模	1	0	>14	多数建筑为0	60～200W/ft^2，冗余	气体灭火系统，带早期检测和后备系统

注 1ft=0.3048m；1ft^2=9.29030×$10^{-2}$$m^2$。

数据转接中心

数据转接中心

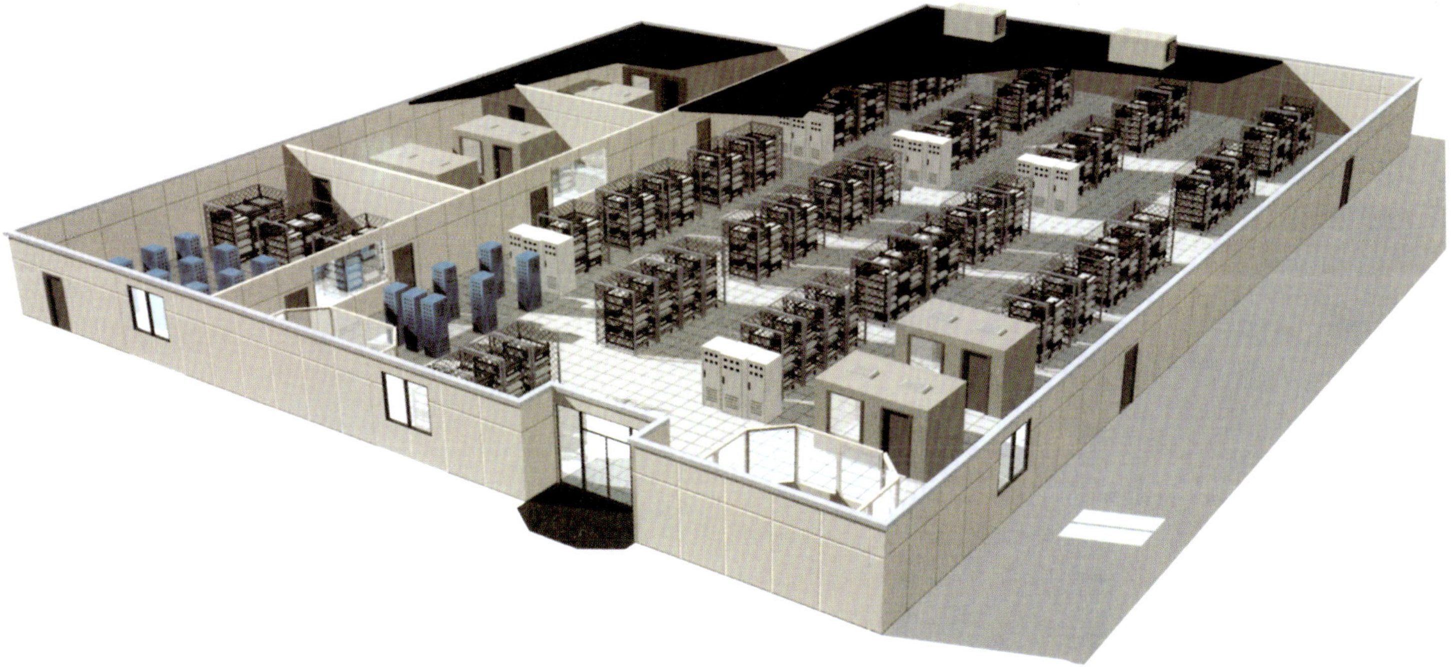

数据转接中心可以是经过改造的旧建筑，也可以是新建的高科技建筑。经改造的建筑的规模和配置差异很大，难以从外观加以区分。新建的高科技建筑更加统一，也易于辨认。

数据转接中心的主要内部特征可通过其使用的设备和安全要求程度体现出来。关键的内部参数是它的高地板承重量和高电力需求。此外，还需要所有的电力、安全以及火灾检测和控制系统都有冗余。这样高的系统冗余度在其他任何工业建筑类别中是没有的。它的独特外部特征包括占地率、场地安全性和货物装卸。它们的规模和楼层数量差异过大，因而不能成为分类的依据。

数据转接中心

数据转接中心／演变

数据转接中心的位置取决于外部因素，这一点与机场飞机库和空港建筑类似，但不同的是数据转接中心依赖的是光缆连接。所以，数据转接中心的地理扩展模式和光缆的扩展直接相关。数据转接中心的安全性要求同样也影响着它的地理模式，这些建筑的具体位置一般是不对外公开的。这些建筑的设计、规模和配置受到技术进步的重大影响，因而这类建筑有望在未来经历最大的变化。

选 址

综　述

本书根据具体的物理特征把工业房地产分为 6 个大类和 12 个小类。本章的目的是对影响工业建筑位置分布的因素进行分析，特别是针对具有相同物理特征的建筑是否也有相似的地理位置这一问题。所选的分析目标是下列 9 种工业房地产类别：8 种子类和多户租赁大类。

- 仓储配送大类
  - 区域仓储建筑
  - 大型仓储建筑
  - 重型配送建筑
- 制造类大类
  - 轻工业制造建筑
  - 重工业制造建筑
- 柔性型大类
  - 研发柔性型建筑
  - 办公展览型建筑
- 多户租赁大类
- 货运大类
  - 货运站

这里不分析空港建筑、机场飞机库、货架式仓储建筑、冷藏配送建筑等建筑子类别，也不分析数据转接中心这种建筑大类，因为这些建筑类型的样例规模过小，或者它们的位置分布仅依赖于一个因素。机场飞机库和空港建筑在所有市场上的位置分布都是一致的，都分布于机场。数据转接中心受到光缆连接的限制，必须有光缆连接。货架式仓储建筑和冷藏配送建筑的样例规模也很小，在此也不作分析，但是这两种属于仓储配送设施大类的建筑子类都需要一个基本的先决条件，那就是与交通干线相连接。

影响工业房地产位置分布的因素很多，本章所讨论的因素包括分区规划、与交通基础设施的连接、可用土地资源和地价，以及与劳动力供应源的邻近程度。这些因素对各建筑大类有不同的影响，这种影响取决于建筑的物理特征及其用途。

分区规划

历史上曾把工业房地产归于城市中环境最差的地区，但近几十年来，由于人们努力鼓励和保留工业用地，社会也把更多注意力投到了为工业保留足够的用地上。分区规划在决定工业房地产的位置分布中发挥了至关重要的作用。制造类建筑在社会上受到最强烈的排斥，因而它们的发展也受到最严厉的限制。柔性型建筑受到的限制则最少，甚至可分布在高收入地区。

综　述

与交通基础设施的连接

虽然与交通基础设施的连接对不同的工业建筑类型有不同的影响，但它对于所有的工业房地产都是至关重要的。今天，多数的配送任务都是依靠卡车完成，因此对于仓储配送建筑和货运站来说邻近主干道变得十分关键。铁路对于发挥仓储和配送设施的功能可能没有太大作用，但制造业生产却需要频繁使用铁路，因而它能影响到制造类建筑尤其是重工业制造建筑的选址。机场对于工业房地产而言有强烈的吸引力。"机场效应"的形成不仅受到对为空港服务的设施需求的影响，而且也是机场周围一些普遍因素的共同影响造成的：主干道四通八达，土地资源廉价而丰富，分区规划的限制相对宽松。与交通基础设施的连接对研发柔性型建筑和多户租赁建筑影响较小，这是因为它们对任何交通形式的依赖程度都比较小。

可用土地资源和地价

工业建筑一般都是单层建筑，除了主建筑外，还需要大量用地用于装卸货物、卡车掉头、作拖车和汽车停车场。大范围可开发用地的稀缺意味着许多低密度工业房地产开发必须分散到远离城市中心的地区进行。另一个影响因素是地价。除了研发柔性型建筑和数据转接中心以外，所有工业房地产开发项目都对价格相当敏感，因为它们的租金比其他类型的商业开发项目低。

与劳动力供应源的邻近程度

与劳动力供应源的邻近程度是影响工业建筑分布的又一个因素，尤其对制造类和柔性型这样的劳动密集型建筑而言更是如此。但仓储配送建筑、货运建筑和多户租赁建筑并不那么强调这种关系，因为它们的特征之一就是每平方英尺面积的雇员数相对较低。

未来的趋势

供应链管理的变化正在对工业房产的分布产生影响。配送中的"极速要求"使得紧邻主干道和机场变得日益重要，尤其是对高附加值产品。有一种趋势也越来越明显，那就是地区配送网络逐渐融合为大规模的"兆级"配送中心。这些建筑类型需要大量土地，也需要邻近劳动力来源和交通网。还有一个因素是由于制造和物流的协作导致的"协作布局"。供应商一般会紧邻其顾客分布，以便彼此协同和节省运输费用。

另一个趋势是重新开发，随着城市边缘新地越来越稀缺，地价也越来越贵，人们开始把更多注意力投向重新开发城市边角空地作为工业房地产。有些城市还提供税收减免等财政资助作为环境改造补助，以鼓励对这些地区的重新开发。

综　述

方 法

本小节将对美国全境工业房地产的位置分布特征进行总结，主要考察亚特兰大、芝加哥、达拉斯／沃思堡、丹佛和洛杉矶这几个主要市场的情况。我们使用 CoStar 房地产数据库为这 5 个城市的每种房地产类型抽出一个样例。由于本书界定了 CoStar 房地产数据库没有使用的房地产类型，所以我们使用用户定义域对数据库中的单个建筑进行了重新分类，但只考虑那些信息充足的建筑。由于这一过程仅使用物理特征，所以得出的样例的位置是随机的。

我们使用 MapInfo 人口统计参数描述这些样例。每张地图都有 4 个不同的人口统计段，分别用同种颜色的 4 种不同的深浅度表示。这些人口统计范围数据是用 MapInfo 的人口统计组件产生的，使用的是 1999 年邮区级的人口统计数据和自然中断运算法。这种算法将数据值和每一范围的平均值之间的差降至最低。这种方法不能得到相等的范围，但是可以更真实地反映整个的人口分布状况。

这里分析的人口统计参数是蓝领工人、平均家庭收入和总零售支出。蓝领工人数据代表了劳动力市场，平均家庭收入用于代表地价，但多个市场上一般不存在一致的平均家庭收入。通常认为高收入区的地价高于低收入区。总零售支出则被视为只影响区域仓储建筑和办公展览型建筑的一个因素。前者与零售业有直接联系，而后者的组成部分包括零售空间。

仓储配送建筑

区域仓储建筑

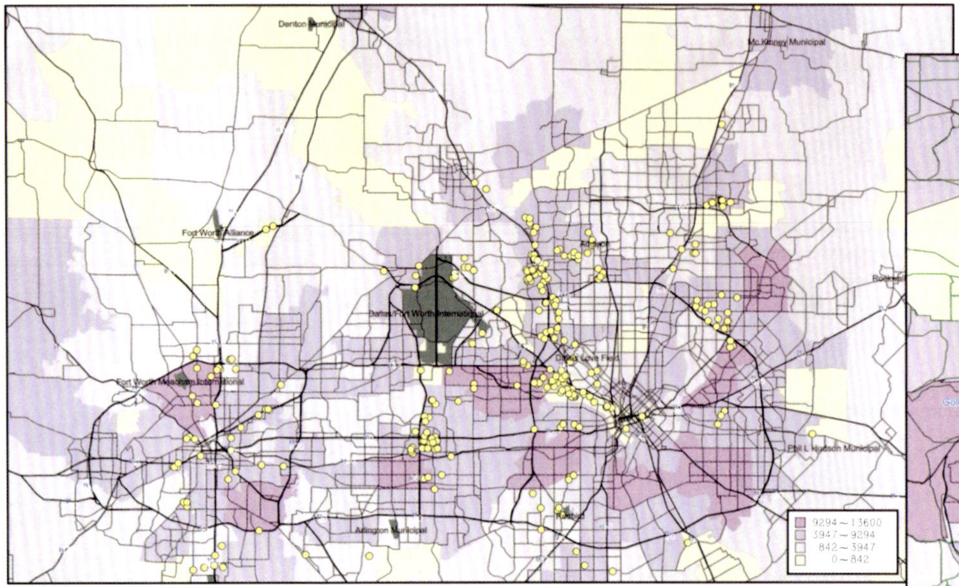

达拉斯／沃思堡

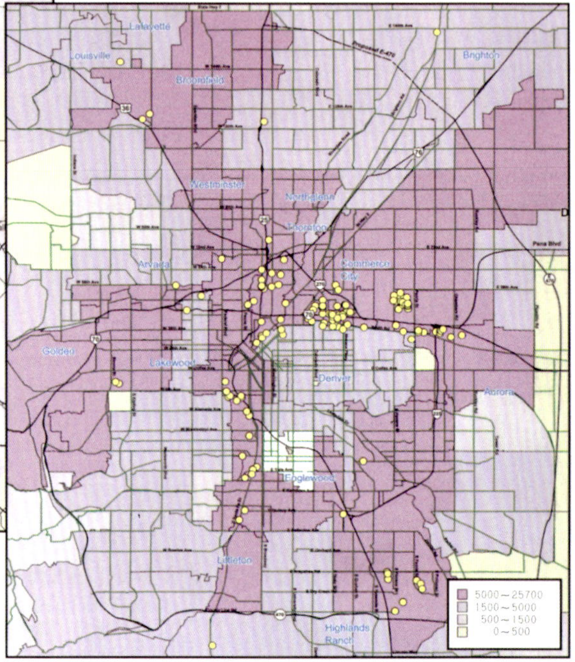

丹佛

与主干道和机场连接是区域仓储建筑一个重要的决定性因素，因为它们的主要功能就是储存和配送货物。区域仓储建筑的雇员一般是蓝领工人，所以这些建筑通常紧邻蓝领工人集中的地区分布。由于区域仓储建筑一般是供应链中配送到零售店前的最后一个环节，所以它们的分布和零售建筑的分布以及总零售支出之间存在一定的联系。

附图标出了芝加哥、达拉斯／沃思堡和丹佛的区域仓储建筑的分布情况。在达拉斯／沃思堡和丹佛，这种建筑绝大多数都沿主干道分布。但是在芝加哥这种关系并不如此明显，而奥黑尔国际机场（O'Hare International Airport）则吸引了很大一部分的区域仓储建筑进驻。

在丹佛样例中，90% 多的区域仓储建筑都分布在蓝领工人高度密集的地区。在达拉斯／沃思堡，区域仓储建筑并没有主要分布于一个和蓝领工人关系密切的特定地区。但是，如果把建造年份作为一个参数，就能发现 1970 ～ 2000 年修建的区域仓储建筑的位置分布和蓝领工人的位置分布之间的关系。这一发现同样适用于美国其他主要工业房地产市场。

仓储配送建筑

由于区域仓储建筑直接为零售店服务，它们的位置分布与零售支出的关系要比与平均家庭收入的关系紧密得多。芝加哥的区域仓储建筑高度集中于总零售支出较高的地区，但奥黑尔国际机场地区除外。相比之下，只有不到 10% 的区域仓储建筑分布于总零售支出较低的地区。

总之，由于区域仓储建筑的上述物理特征和功能特征，它们主要分布于与主干道连接顺畅的地区。但是人口统计因素同样对其分布有着一定的影响。那些有主干道相交、总零售支出高，以及有蓝领工人的地区总是比没有这些因素的地区对区域仓储建筑更有吸引力。

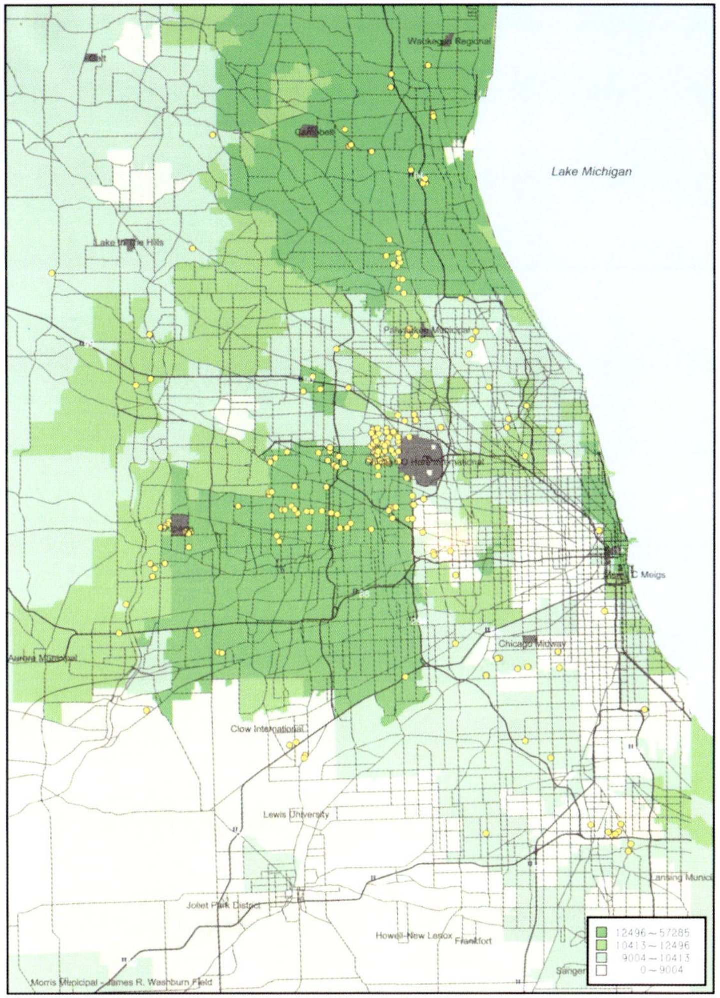

芝加哥

仓储配送建筑

大型仓储建筑

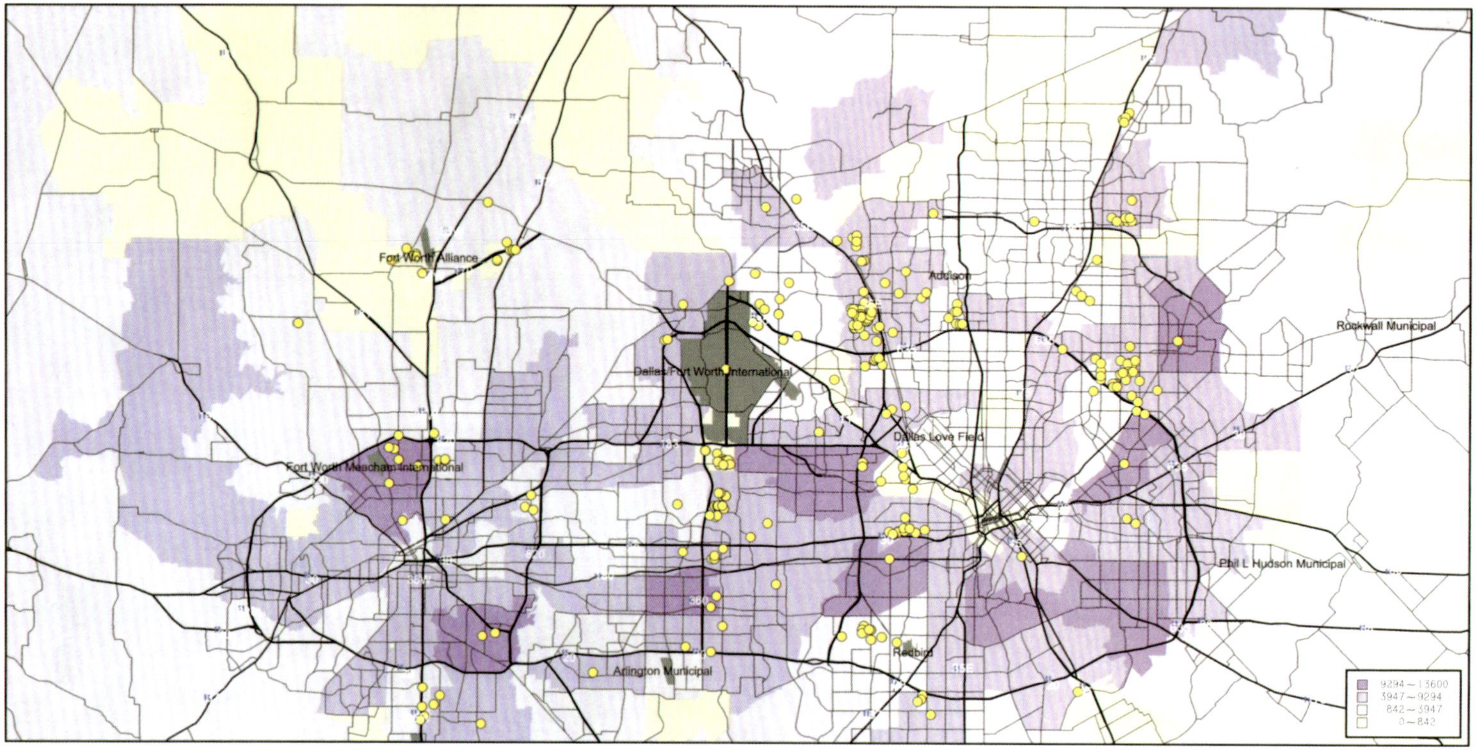

达拉斯／沃思堡

大型仓储建筑的功能和区域仓储建筑的类似，但前者一般可储存更多的货物，为更大的地区服务。多数情况下，大型仓储建筑完全依靠卡车配送货物，但有时也用铁路运送一些工业产品。所以与主干道的连接是至关重要的因素，而接近铁路通常被视为一个优势。今天，越来越多的公司正把它们的仓储操作转移到少数经过战略布局的超大型仓储建筑中去。它们更大的建筑规模和场地要求对于它们在城市和地区中的布局有着重大的影响。

如亚特兰大和达拉斯／沃思堡市场的地图所示，大型仓储建筑一般分布于邻近机场和主干道的地区。在市场和所有仓储配送的建筑子类中，这些属性都是一致的。

大型仓储建筑每平方英尺的雇员数低，因而对邻近蓝领劳动力集中地区这一点依赖性并不强。在达拉斯／沃思堡，只有少数大型仓储建筑位于蓝领工人最集中的地区，而多数大型仓储建筑则位于蓝领工人密度最低的地区。大型仓储建筑的这种关系和劳动力密集型建筑（如轻工业制造建筑和研发柔性型建筑）是完全不同的。

仓储配送建筑

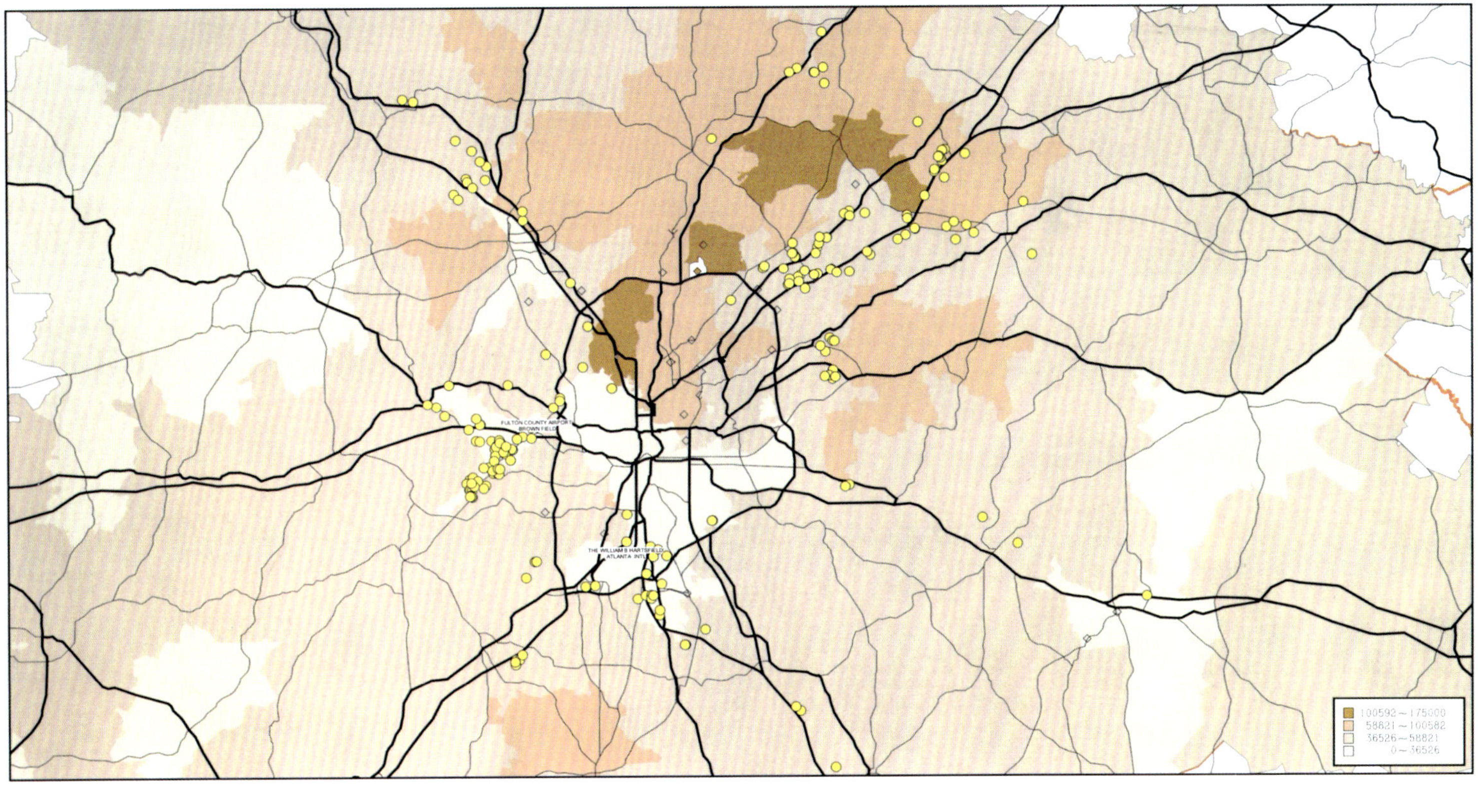

亚特兰大

附图标出了亚特兰大的 200 多处大型仓储建筑，它表示这些建筑的位置分布和平均家庭收入之间有着明显的联系。如预期的那样，大型仓储建筑主要集中于中低收入地区，而很少分布于高收入地区。有两个主要因素造成了这种关系：第一，由于这些建筑类型的规模、外观、功能和产生的高卡车流量，分区规划限制它们分布于高收入地区；第二，地价。大型仓储建筑所能获得的租金限制了开发商为取得场地可支付的地价。

总之，大型仓储建筑和其他仓储配送子类建筑一样，一般沿着主干道和邻近机场分布。这种关系是与它们储存和配送货物的功能相一致的。从人口统计学来看，平均家庭收入和蓝领工人的分布相比，能更好地指示潜在分布位置。

仓储配送建筑

重型配送建筑

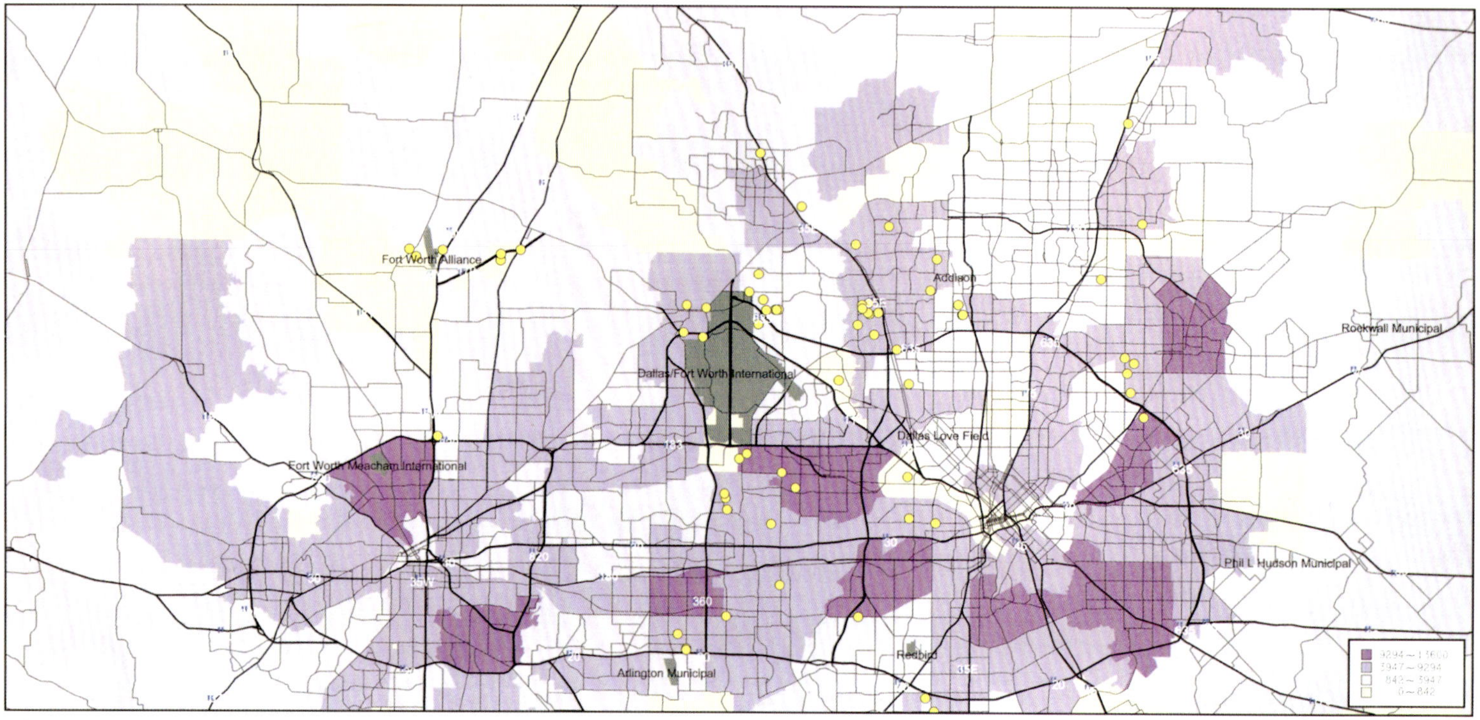

达拉斯／沃思堡

重型配送建筑，与它们的功能要求相一致，装卸台之间有专供卡车通行的设置。因此，公路等基础设施会影响该类建筑的位置。

所附地图显示了芝加哥和达拉斯／沃思堡等市场重型配送建筑的分布。与其他仓储配送建筑一致的是，重型配送建筑也位于公路旁及机场周围。与芝加哥公路的联系不太明确，可能是由于诸如分区规划、人口统计及土地成本等其他变量的影响。

在达拉斯／沃思堡市场，重型配送建筑的位置与蓝领劳动力的分布有明确的联系。随着这些工人的集中度提高，重型配送建筑的数量也在增加。这种关系在前三组人口统计范围内都存在，地图上用三种淡紫色进行了标示。蓝领工人的存在与重型配送设施的位置之间的这种关系，比与大型仓储建筑的关系更紧密。其他诸如亚特兰大、芝加哥及丹佛等大市场都呈现出这种类似的相关性。

仓储配送建筑

重型配送建筑趋于分布在低地价地区（以平均家庭收入表示）。除了分区规划限制和交通便利度的问题以外，地价是影响新建筑建造的一个关键因素。高收入地区的地价高于多数工业建筑的承受能力，研发柔性型建筑和数据转接中心除外。在芝加哥市场图例中可看到，该地区只有不到10%的重型配送建筑位于平均家庭收入高的地区。

重型配送建筑总体上和仓储配送建筑大类一样，多分布于主干道沿线和机场附近，但是，其他因素同样对它们有着一定的影响。在分区规划允许的情况下，地价和与蓝领工人的接近度同样影响到它们的分布。

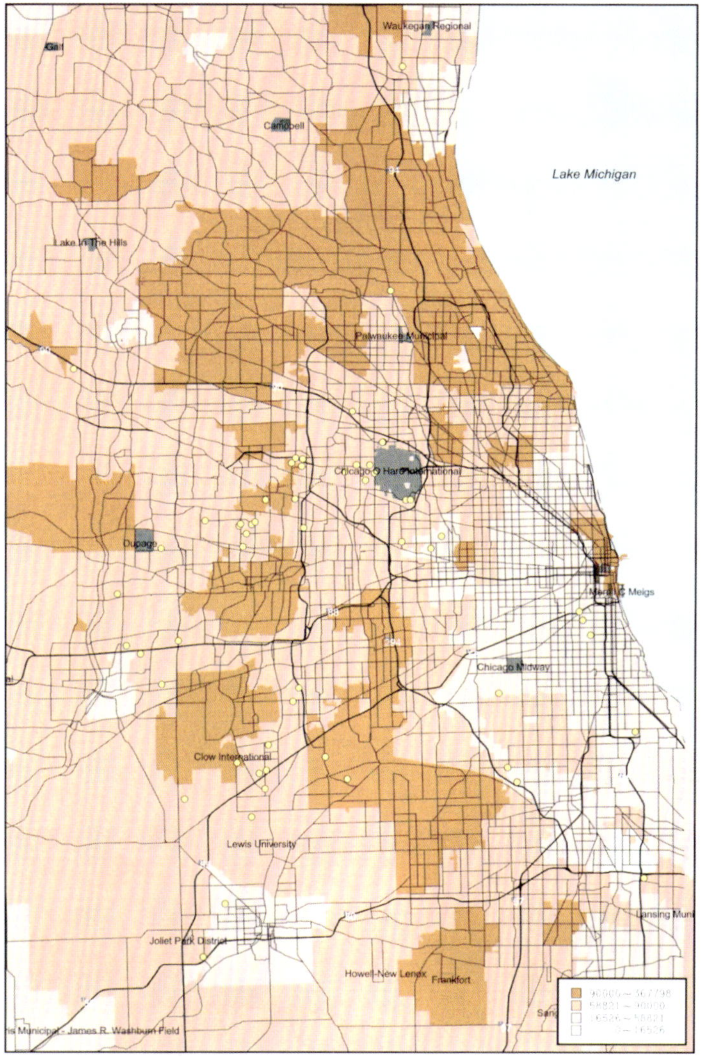

芝加哥

制造类建筑

轻工业制造建筑

轻工业制造建筑的功能正从单纯的制造和组装演进到包括仓储和配送功能。但是它们的基本功能仍是生产商品，这表示影响这些建筑分布的因素和影响仓储配送建筑的因素有所不同。

附图标示了芝加哥约300处的轻工业制造建筑和洛杉矶市场约400处的此类建筑。两个市场上这种建筑的分布都没有受到主干道的限制，而分区规划则是影响分布的主要因素。如果一个地区被规划为制造业用地，多处制造类建筑就会相邻而建。这样，分区规划就导致了聚集效应，两个市场上的这种现象都很明显。

轻工业制造建筑和仓储配送建筑不同，它们每平方英尺雇用的劳动力人数通常较多。所以与劳动力来源的邻近程度就成了影响这种建筑类型分布的重要因素。芝加哥地图显示，轻工业制造建筑集中于蓝领工人人数最多的地区，而蓝领工人人数最少的地区则没有轻工业制造建筑。这种关系在美国其他各主要市场同样存在，这进一步证实劳工因素是影响轻工业制造建筑的重要因素。

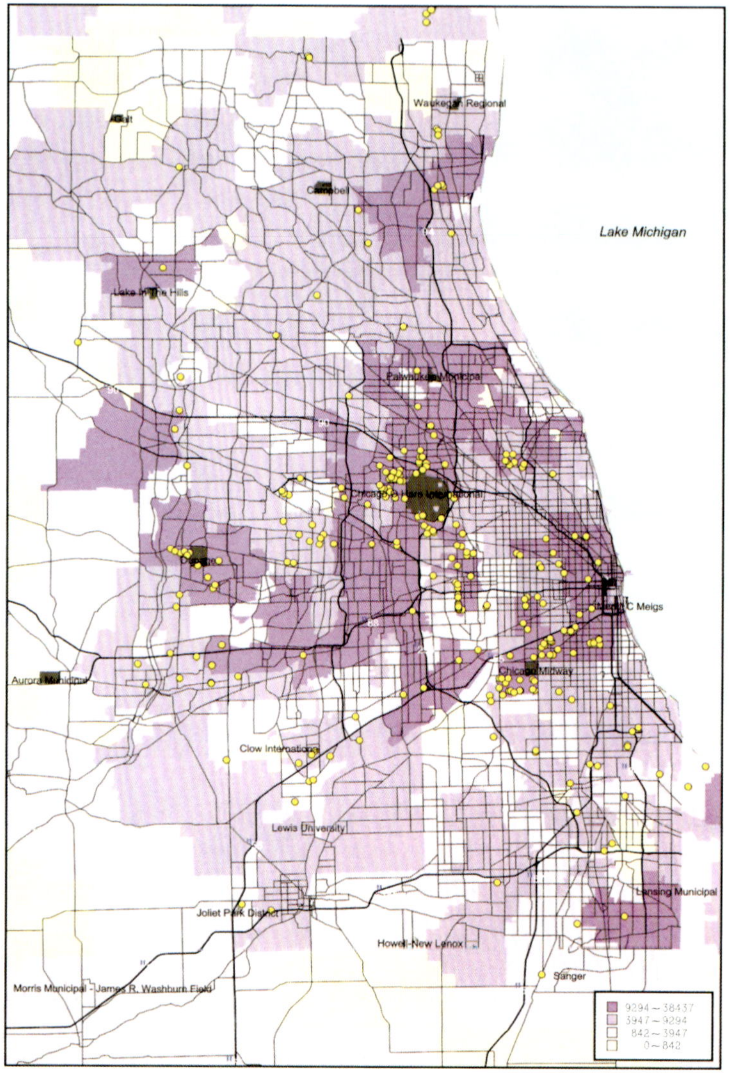

芝加哥

制造类建筑

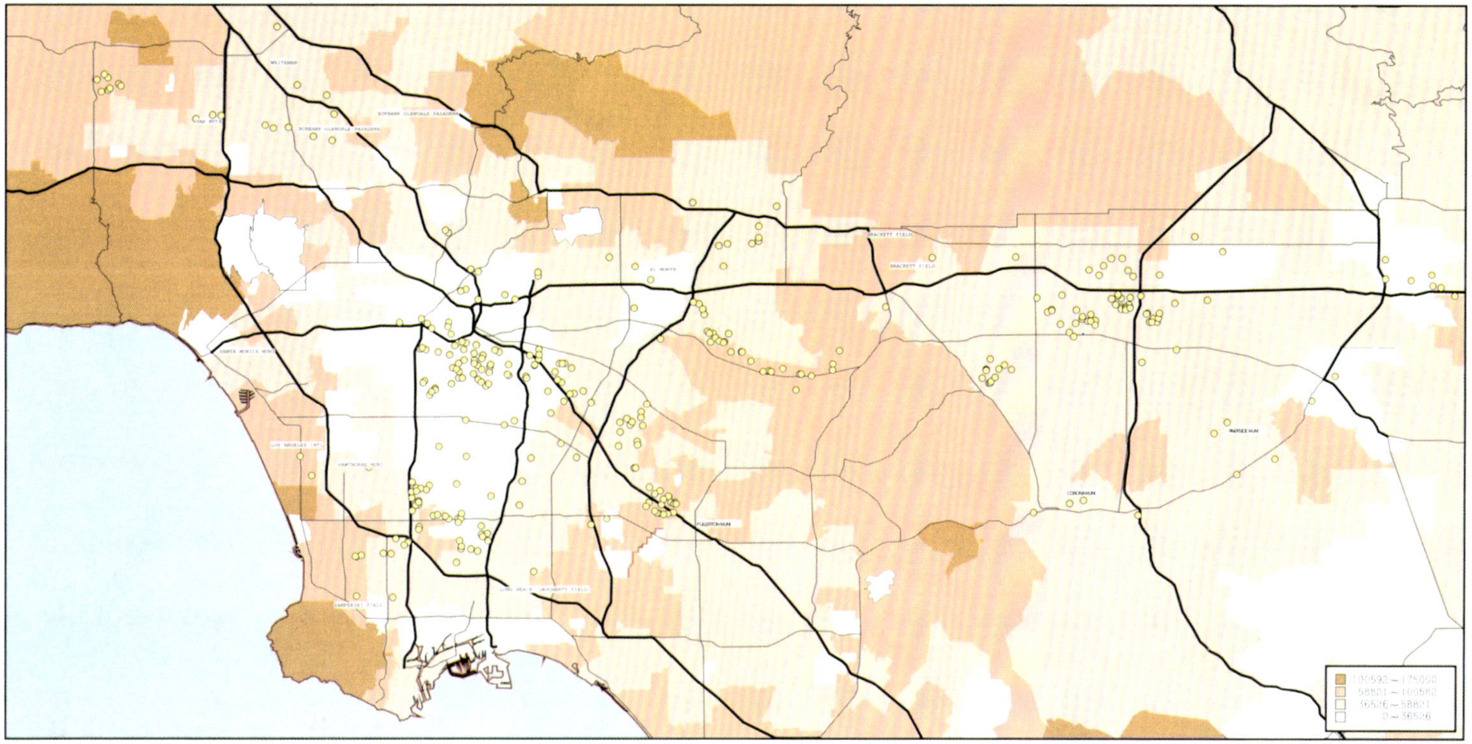

洛杉矶

如同仓储配送建筑一样，轻工业制造建筑的分布和平均家庭收入之间的关系成反比。洛杉矶地图显示，在平均家庭收入最高的地区，没有轻工业制造建筑，只有少数轻工业制造建筑存在于平均家庭收入水平排第二位的地区。它们主要集中于两档收入最低的地区（约占样例中的80%）。这一模式也和美国其他主要市场的模式一致。轻工业制造建筑的分布和收入之间的联系要强于仓储配送建筑的这种联系。高地价和分区规划限制了高收入地区制造类建筑的开发。

总之，轻工业制造建筑集中于工业用地规划区。因为它们的主要功能是生产而不是配送，它们的分布并不十分依赖与主干道的连接。相反，靠近劳动力来源是一个更为重要的因素。最后，无论分区规划如何，它们都不会分布在高收入地区，因为那里地价过高。

制造类建筑

重工业制造建筑

重工业制造建筑在地理分布上和轻工业制造建筑相比受到更多的限制。由于它们的功能包括原料处理等工业生产，分区规划是名列首位的限制因素。附图是芝加哥和洛杉矶的两个规模各约为100处的重工业制造建筑的样例。将这些地图和轻工业制造建筑分布图相比，会发现这两个市场上两种建筑的交叠非常明显。这种重合是分区规划的结果，它使得轻工业制造建筑和重工业制造建筑集群分布。

与铁路的连接对于重工业制造建筑至关重要。这一条件对于重工业制造建筑的重要性比对轻工业制造建筑的重要性更强。连接主干道是影响仓储配送建筑和货运站的关键因素，但它对重工业制造建筑来说是第二重要因素。

重工业制造建筑每平方英尺雇用的人数低于轻工业制造建筑，尤其是与装配产品的建筑比时更是如此。尽管如此，芝加哥地图显示，蓝领工人的分布和重工业制造建筑分布之间的关系仍然很明显，而且这种关系在美国其他主要市场更为明显。

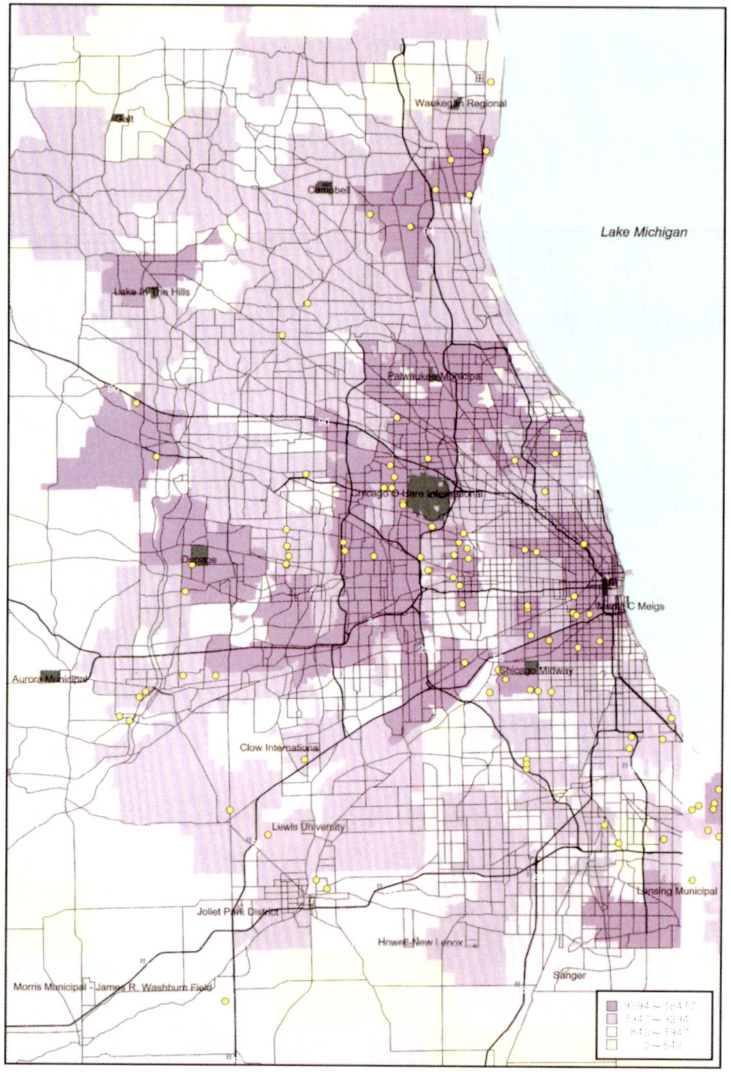

芝加哥

制造类建筑

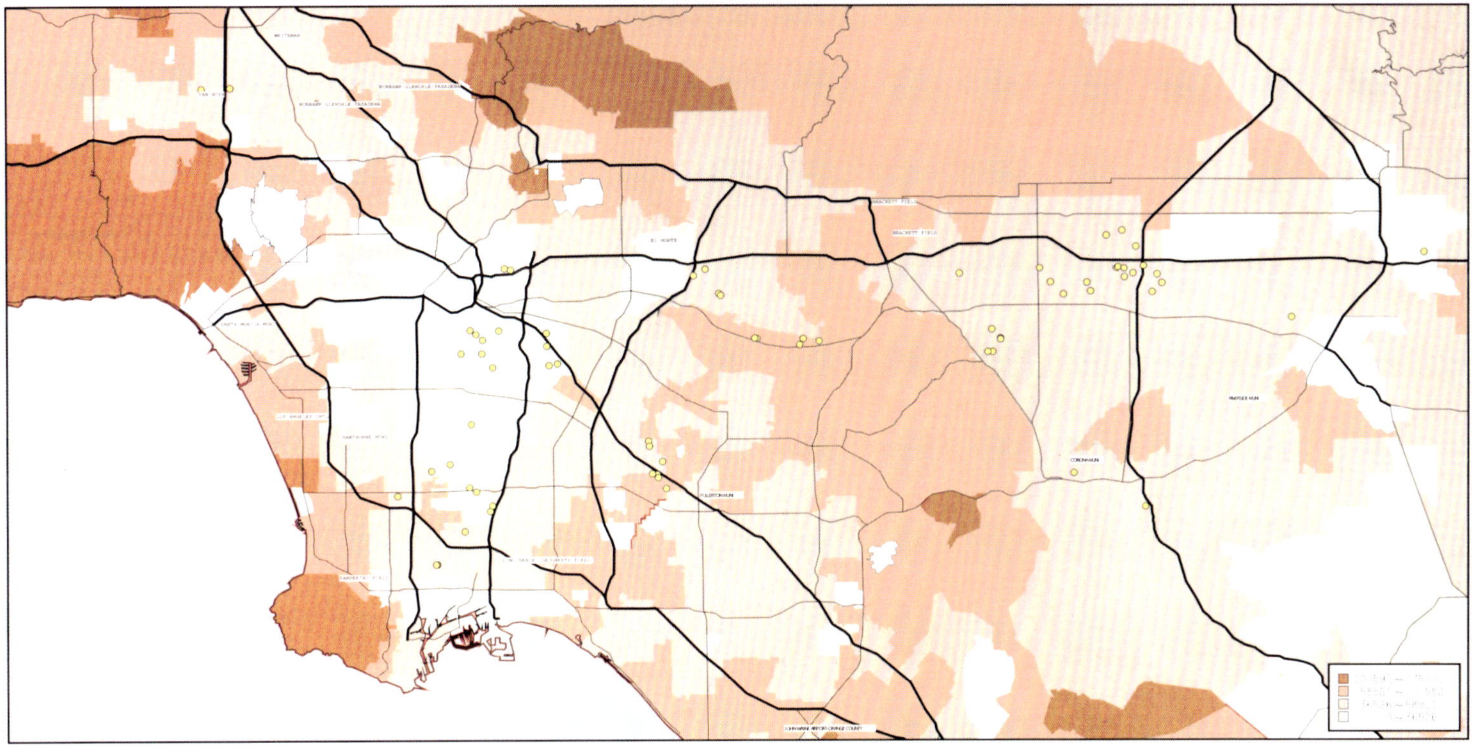

洛杉矶

对于重工业制造建筑而言，它们的分布和平均家庭收入之间也有明显的联系。洛杉矶地图显示，这种建筑的主要集中区是最低收入地区。使这种建筑在多数地区不受欢迎的因素与其说是地价，不如说是它们的外观和功能。这也导致它们受到分区规划的限制，选址的范围有限。

总之，重工业制造建筑的功能使得它们在多数地区不受欢迎，所以分区规划严重限制了它们的位置分布。除了分区规划之外，与劳动力来源的邻近程度和与铁路的连接是另外两个决定其分布的重要因素。

柔性型建筑

研发柔性型建筑

研发柔性型建筑是所有工业建筑类型中工业化程度最低的一种。它们一般提供办公室、实验室和高技术轻工业制造等，很少涉及卡车运输的功能。分区规划对这种建筑的限制相对宽松，所以，影响它们分布的是一些其他因素，如外观、与主要街道的连接和人口统计因素等。下面两图是一个标示芝加哥市场上160处研发柔性型建筑的样例。

研发柔性型建筑是典型的每平方英尺雇员数多的建筑，这一点可以通过它们的高停车场要求反映出来。所以，这些建筑必须靠近蓝领工人高度集中的地区。在芝加哥的样例中，多数研发柔性型建筑都位于蓝领工人集中的地区。而蓝领工人比率低的地方没有研发柔性型建筑。这一发现也与美国其他主要工业房地产市场的情况相一致，但是达拉斯/沃思堡是个例外，因为那里有一些较老的研发柔性型建筑位于蓝领工人较少的地区。但如果只集中研究达拉斯/沃思堡近20年内所建的建筑，这种关系就能明显地显示出来。

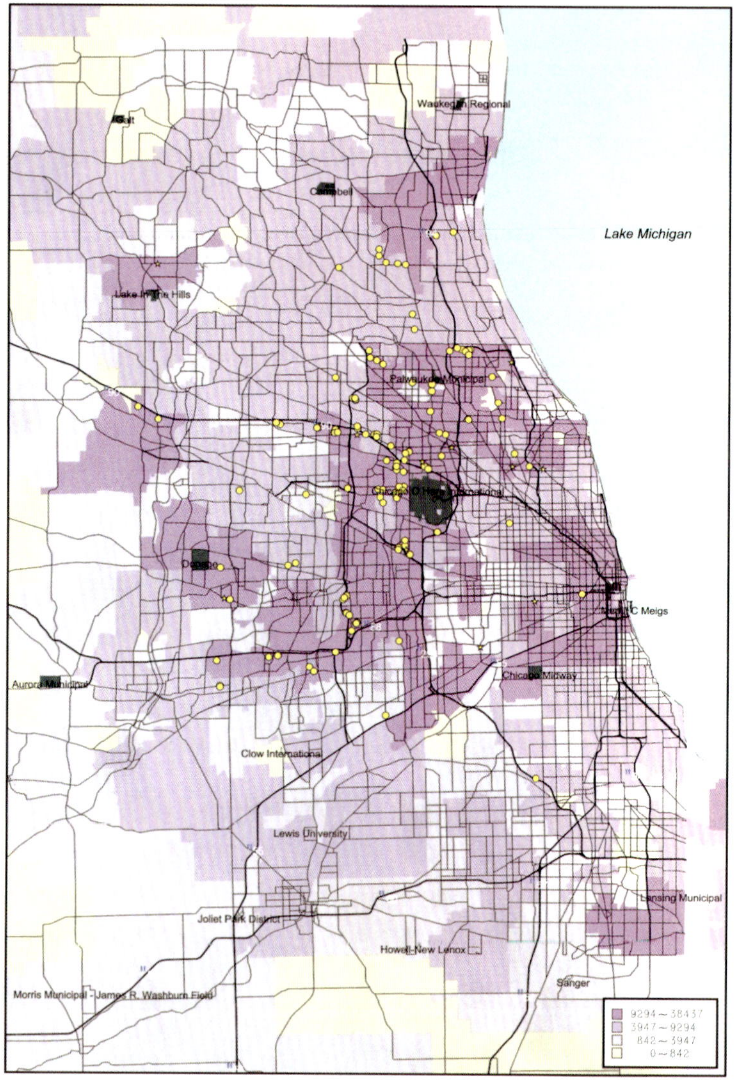

芝加哥

高收入地区的高地价使得在这些地方开发工业房地产变得不经济。但是，研发柔性型建筑能获得较高的租金，因而能够抵消高地价的影响。研发柔性型建筑的分布和高收入地区之间的正比关系也和这些建筑受分区规划的限制相对宽松有关。它们环境清洁，没有重型汽车出入，因而增加了它们的受欢迎程度。所以，就地理分布而言，研发柔性型建筑在某种程度上和写字楼建筑类别重合。前三种收入范围地区都存在这种重合的现象。实际上，芝加哥样例中，超过95%的研发柔性型建筑分布于高收入地区。但是它们在最高收入范围地区中的数量有所下降。对于这种类似于写字楼建筑但又不真正属于该类别的工业建筑而言，这种地理位置分布模式是合乎逻辑的。

总之，研发柔性型建筑要求邻近蓝领工人。它们所受的分区规划的限制比其他工业建筑类型的更为宽松，因而也就能分布在较高收入地区。

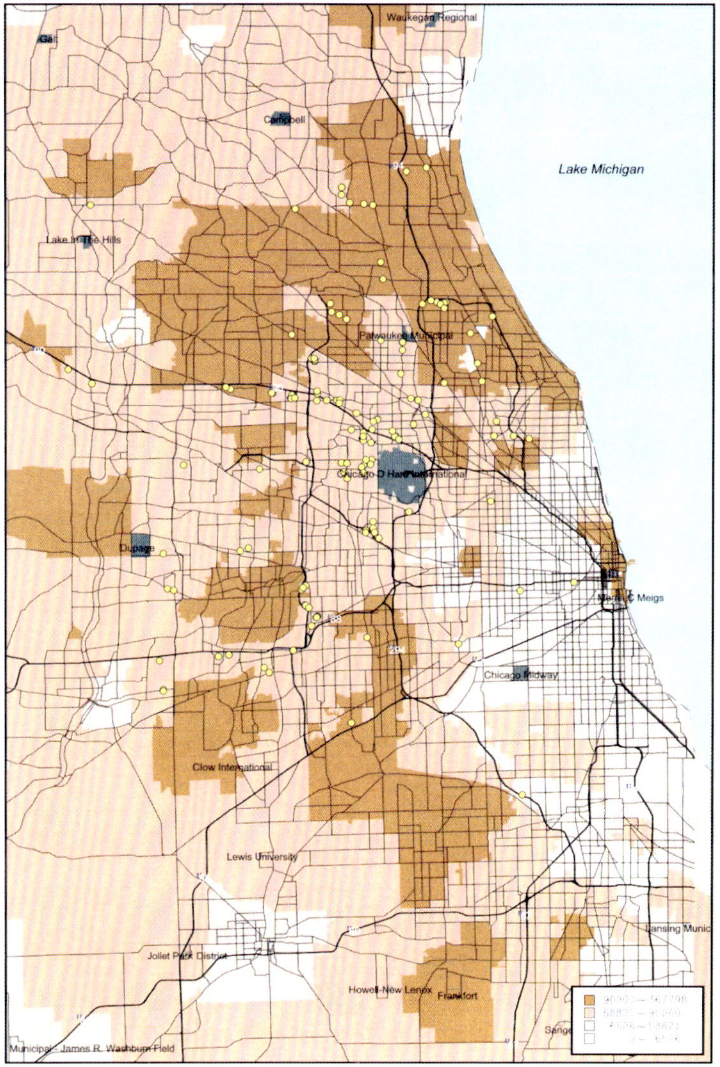

芝加哥

柔性型建筑

办公展览型建筑

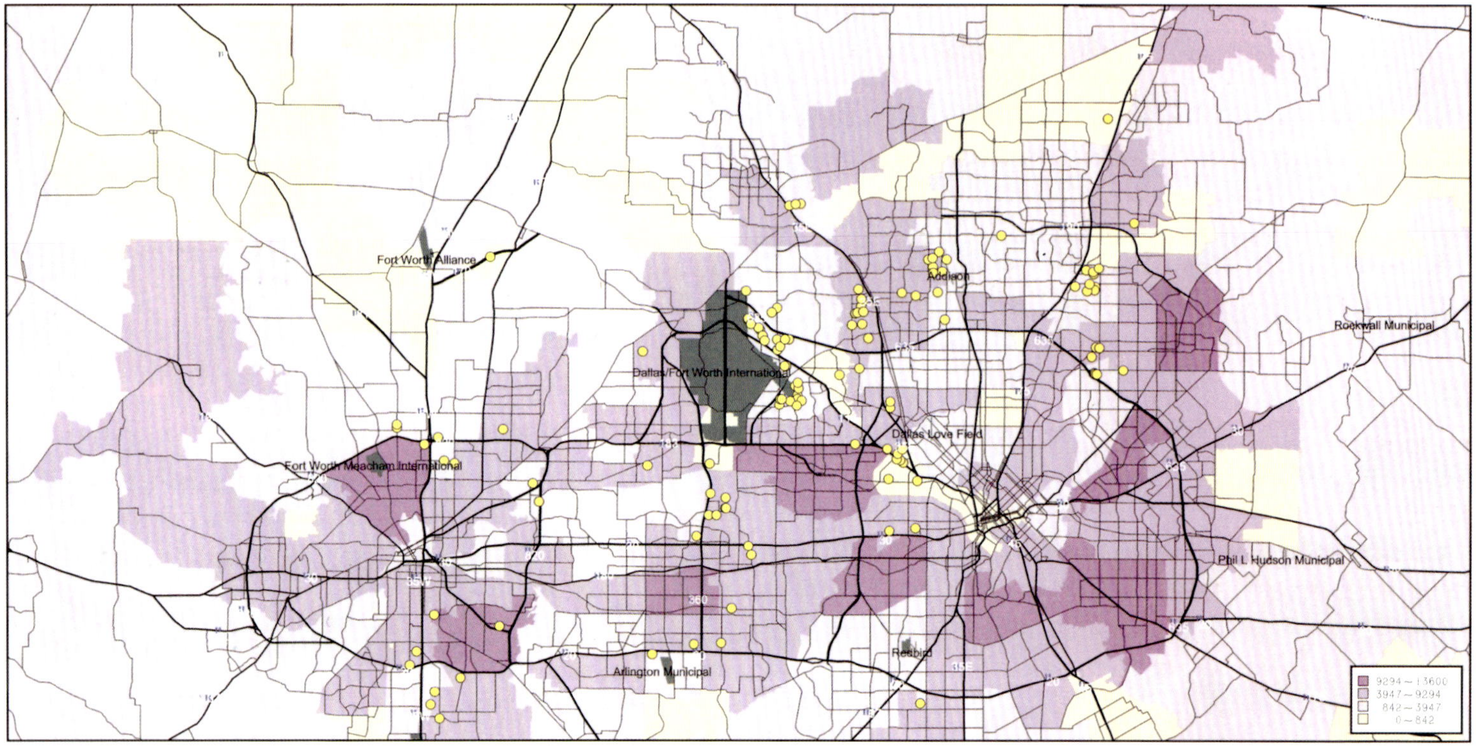

达拉斯／沃思堡

办公展览型建筑和研发柔性型建筑都属于柔性型建筑，因此可以预见二者都面临着相似的影响分布的因素，但是它们的外在物理特征还是有所区别的。研发柔性型建筑的外观类似于写字楼，而办公展览型建筑的外观更类似区域仓储建筑。所以可以预见办公展览型建筑的分布和区域仓储建筑的分布之间会存在一定的联系。

附图标示的是达拉斯／沃思堡 134 处办公展览型建筑和芝加哥 25 处此类建筑的样例。在达拉斯／沃思堡样例中，办公展览型建筑沿着主干道和机场附近分布，类似于区域仓储建筑。这种模式也是与它们的物理特征相一致的：它们有高达 60% 的仓储空间，每个货物装卸台对应的平方英尺数低，有重型卡车出入。在决定办公展览型建筑的可行位置时，主干道基础设施发挥了重要作用。

办公展览型建筑主要集中于蓝领工人人数众多的地区。它们的办公空间和展览空间占到整个建筑的 40% 以上，因而对劳动力的需求也更大。正是这种属性使得办公展览型建筑更接近研发柔性型建筑，并归于柔性型建筑大类。

柔性型建筑

办公展览型建筑和区域仓储建筑的分布模式一样，与零售支出之间有着正比关系。芝加哥地图的样例中有50%左右的建筑位于高零售支出的地区；只有两栋建筑位于零售支出最低的地区，还有另两栋建筑位于这个地区的边缘。芝加哥市场的分布模式进一步肯定了办公展览型建筑和总零售支出之间的这种正比关系。但是，这个样例的规模非常有限，与通过样例分析发现的区域仓储建筑的分布和零售支出的关系相比，这种关系的可信度仍显不足。

总之，由于办公展览型建筑与研发柔性型建筑和区域仓储建筑在物理特征上存在相似性，影响它们位置分布的因素也具有一定的相似性。在选址过程中，主干道基础设施发挥着重要的作用。在人口统计因素方面，它们的分布和总零售支出有着明显的正比关系，而与劳动力市场的联系的重要性则稍有下降。

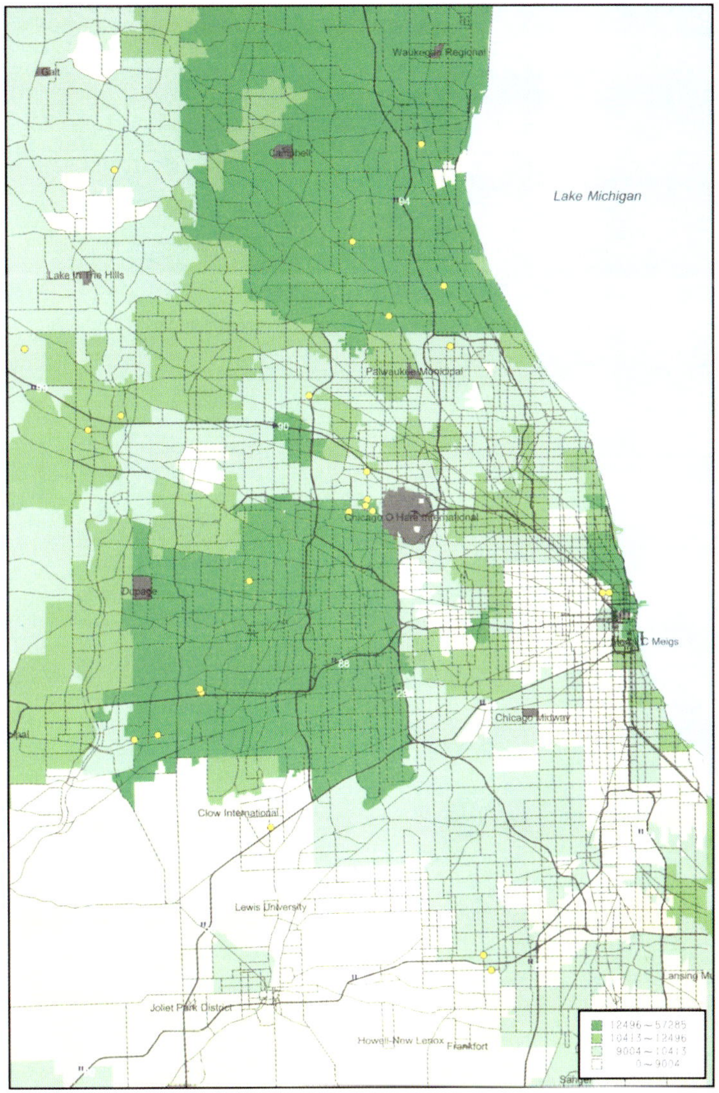

芝加哥

多户租赁建筑

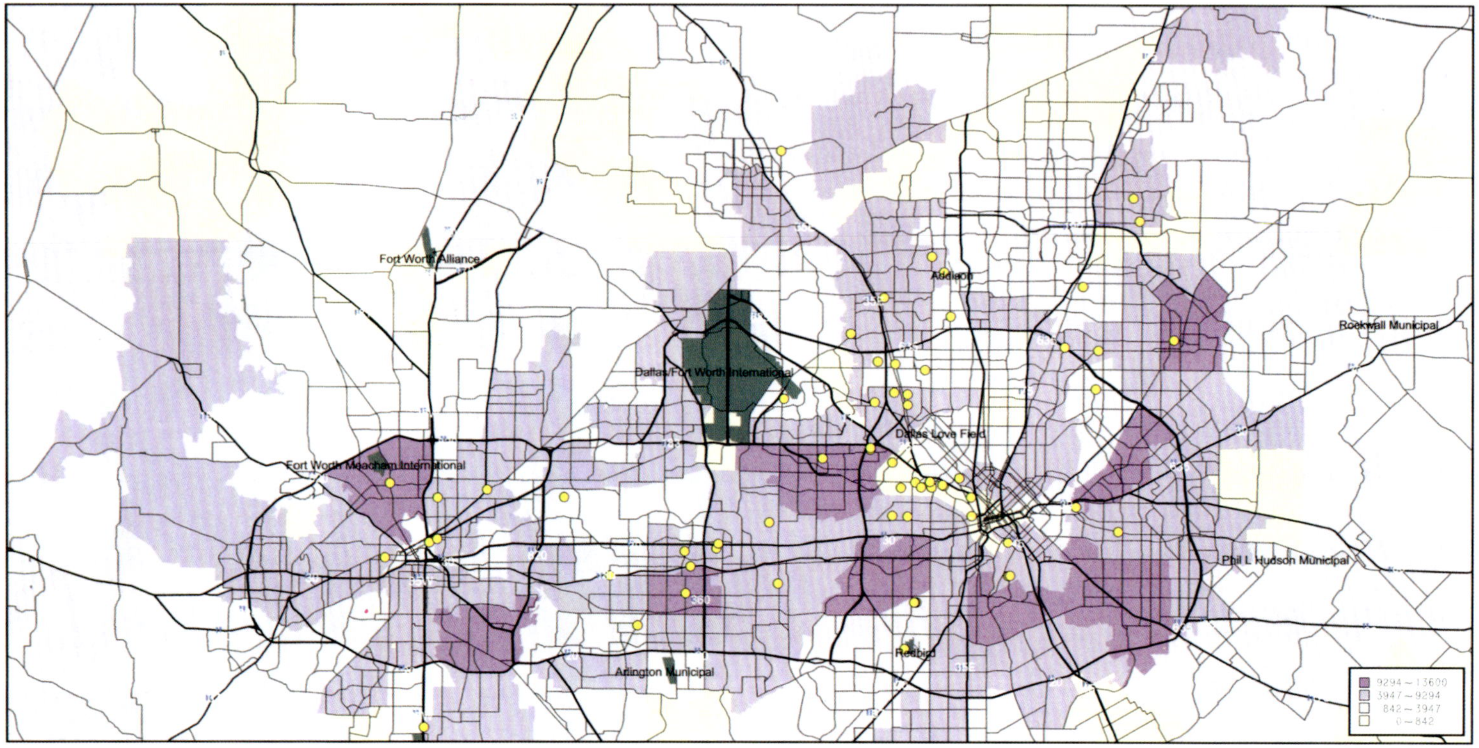

达拉斯／沃思堡

多户租赁建筑是所有工业建筑类型中用途和租户之间差异最大的一种。这类建筑能够为多种租户提供空间，无论是展览室还是仓库，甚至是轻工业制造空间都可以。附图表示的是亚特兰大和达拉斯／沃思堡两个分别有 41 栋建筑和 81 栋建筑的样例。

与主要功能是配送货物的仓储配送建筑相比，多户租赁建筑对直接与主干道连接的依赖性并不强。达拉斯／沃思堡地图显示，它们很少邻近机场分布，因为它们很少有配送中心的功能。

多户租赁建筑规模和每平方英尺面积的雇工人数分别小丁和低于制造类建筑，而影响制造类建筑位置的主要因素除了分区规划以外就是与劳动力来源的邻近程度。达拉斯／沃思堡地图显示了这一差别。它显示，多户租赁建筑在蓝领工人最少的三个范围地区有类似分布。而在蓝领工人最多的地区，多户租赁建筑的数量有所减少。这种在多段蓝领工人分布区平均分布的模式在美国其他主要市场得到了进一步证实。

多户租赁建筑

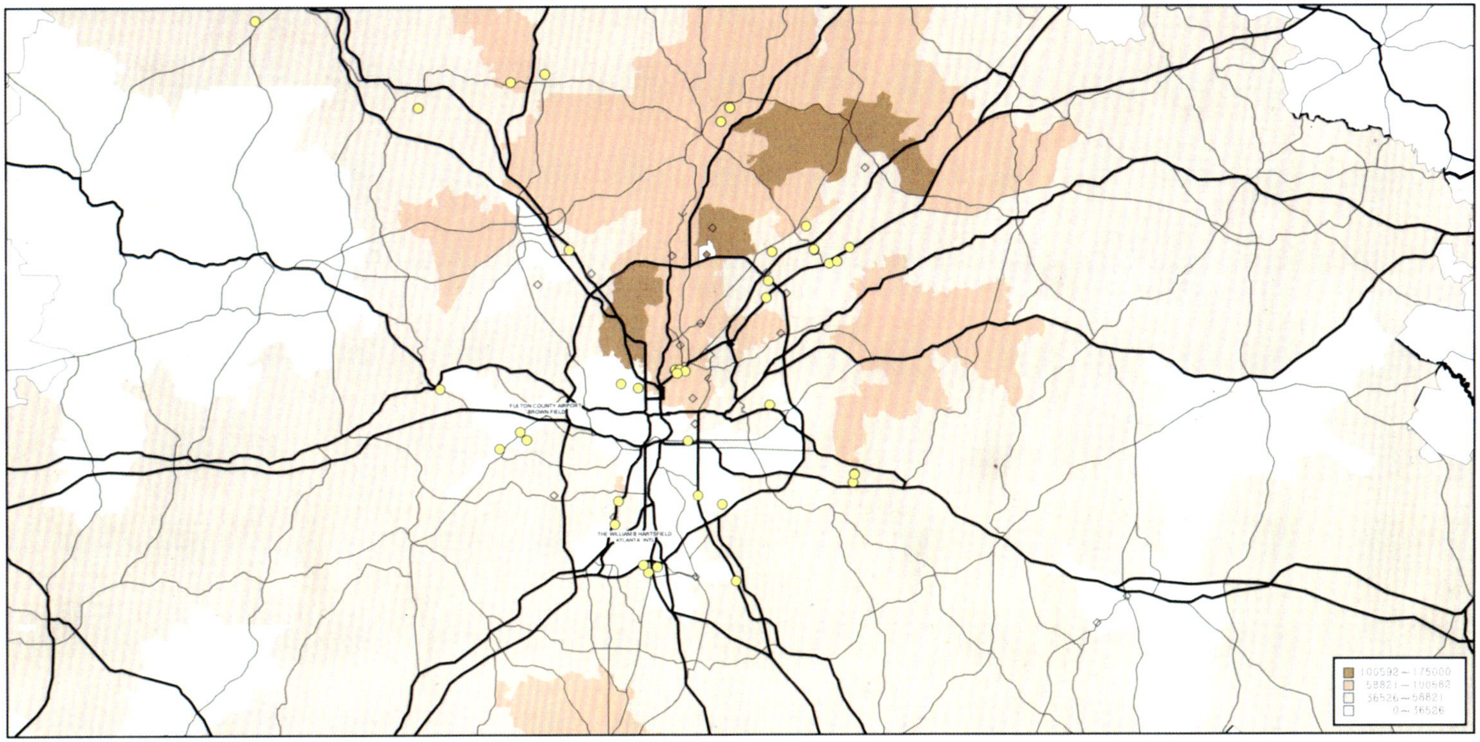

亚特兰大

和分布于高地价的高收入地区的研发柔性型建筑不同，多户租赁建筑主要分布于低收入地区，亚特兰大地图显示了收入（以地价表示）和多户租赁建筑之间的这种关系。在收入最高段地区没有多户租赁建筑，在收入第二高的地区只有17%的多户租赁建筑。这种分布模式和美国其他主要市场的情况一致。这种现象有两个方面的解释：第一，多户租赁建筑的租户一般是仓储公司和轻工业制造公司，它们需要的那些特征同样会受到分区规划限制——虽然与真正的仓储配送建筑和制造类建筑在程度上有所区别；第二，多户租赁建筑没有研发柔性型建筑的高品质装饰，所以，它们不能要求足以抵消高收入地区高地价的足够高的租金。

总之，在多户租赁建筑的选址过程中，分区规划和地价是主要的因素。而在其他建筑大类中起重大作用的因素——与主干道和劳动力市场连接——则起次要的作用。

货运建筑

货运站

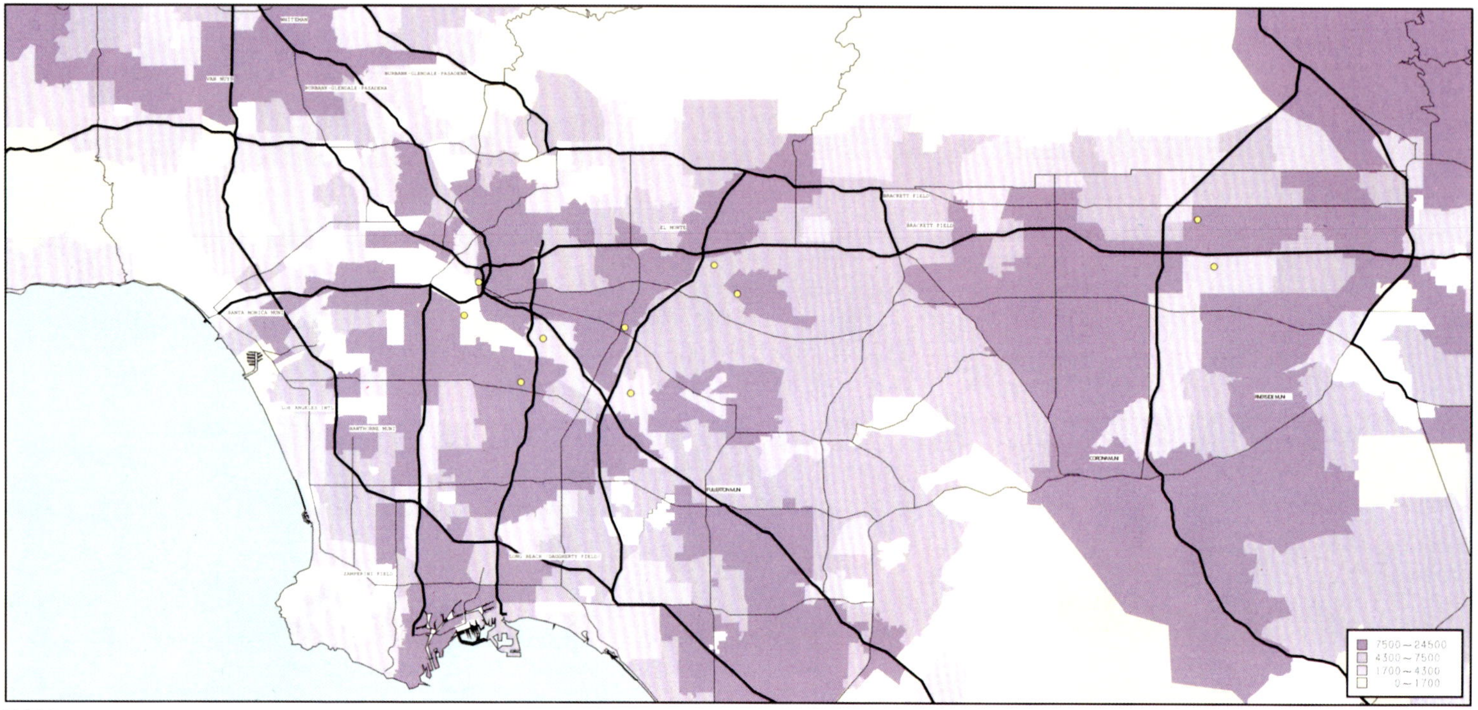

洛杉矶

和空港建筑不同——它们总是位于机场，因而其他影响位置分布的因素都变得没有意义——货运站的位置取决于分区规划、主干道基础设施、人口统计等因素，这些因素和影响其他工业建筑分布的因素相似。由于货运站数量较少，得出的样例规模也较小。附图就是两张洛杉矶样例的地图。该样例的规模非常有限，所以难以得出令人信服的分布影响因素，但还是可以对相关的因素进行一般的讨论。

货运站的功能是将货物从一辆卡车转至另一辆卡车。和它的功能相对应，货运站拥有所有工业房地产类别中最低的每个装卸台对应平方英尺数和最高的拖车停车场要求。与主干道连接在这些建筑的分布中发挥着至关重要的作用。这种建筑会带来很高的卡车流量，因而会受到分区规划的限制，仅限于分布在其他工业建筑集中的地区。

是否与劳动力来源临近对位置确定没有影响。货运站雇用人员无论从绝对数量上说还是从每平方英尺对应雇员人数上说都不多。在洛杉矶地图上，蓝领工人数量最少的地区（以最浅的颜色表示）只有一个货运站。雇工人数最集中的地区（以最深的颜色表示）货运站却占到整个样例的50%。这看起来联系非常紧密，但实际上它是分区规划限制的副产品，而不是可用劳动力人数的结果。

货运建筑

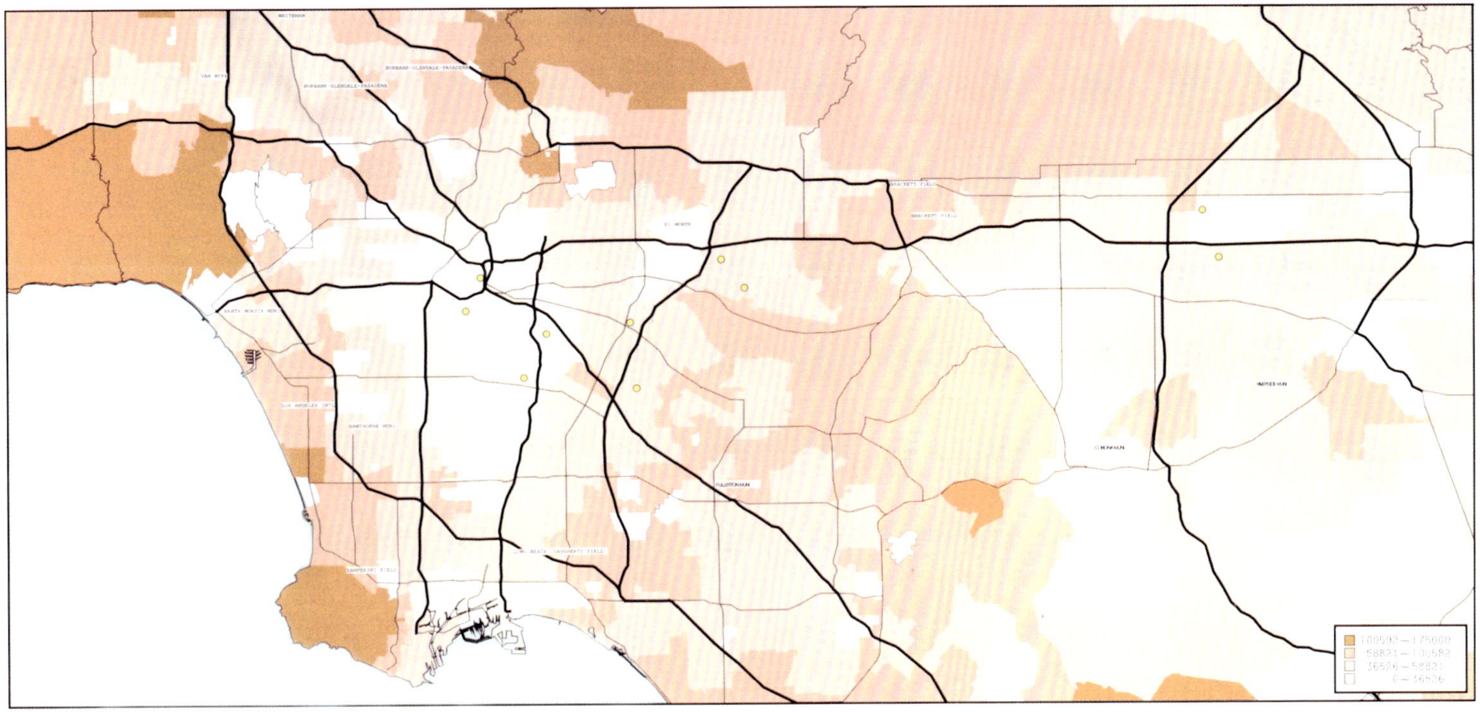

洛杉矶

平均家庭收入可以作为地价的指示器，它是一个比劳动力数量更好的分布指示向导，地图上的所有 10 处货运站都分布于两个平均家庭收入最低范围地区。如果把丹佛、芝加哥和洛杉矶的样例都加起来，也只有 3% 的货运站位于高收入地区，而 60% 的货运站都位于收入最低的地区。和其他工业建筑（除了研发柔性型）所面临的经济情况类似，地价是限制建造货运站的因素，哪怕是在分区规划允许的情况下也是如此。

总之，分区规划是货运站选址的主要考虑因素。除了分区规划，主干道基础设施也发挥着至关重要的作用。人口统计因素对货运建筑位置分布的限制作用要高于对其他工业建筑的限制。

投　资

综　述

历史上工业房地产投资的收益和风险与其他房地产类别相比，总体而言是比较可观和有利的。但如本书所述，由于不同类工业房地产的物理特征、位置、用途和租户之间差异很大，投资者要求的收益也不尽相同。下图表示的是影响投资收益和价值的各种因素。租金、入住率、管理费用、经常性投资和不稳定性会影响收益或收益流。收益流的价值反过来又取决于投资者的投资标准。

这些因素对各类工业房地产的投资业绩有不同的影响。譬如说，仓储配送建筑的经常性投资低于柔性型建筑。而柔性型建筑的投资又低于数据转接中心。此外，不同类工业建筑的租金水平差异也较大。仓储配送建筑的租金最低；数据转接中心的租金最高。影响收益的其他因素也反映了各种工业房地产的不同价值。

各大类工业房地产有不同种类的业主。制造类建筑和货运建筑一般由业主自己使用。机构投资者一般拥有仓储配送建筑和柔性型建筑。私人小投资者则拥有多户租赁建筑多一些。投机者或投资于高新领域的人拥有数据转接中心。尽管有额外风险，在工业房地产的各子类中仍有大量各类业主。

投资效益也随着时间发生变化。例如 1997 ～ 2002 年间，仓储配送建筑的投资效益无论是在该大类内部比较还是与总体的工业房地产平均投资效益相比较，每季度都有变化。整个美国工业房地产市场的投资效益也正在不停地发生变化。

收益流评估

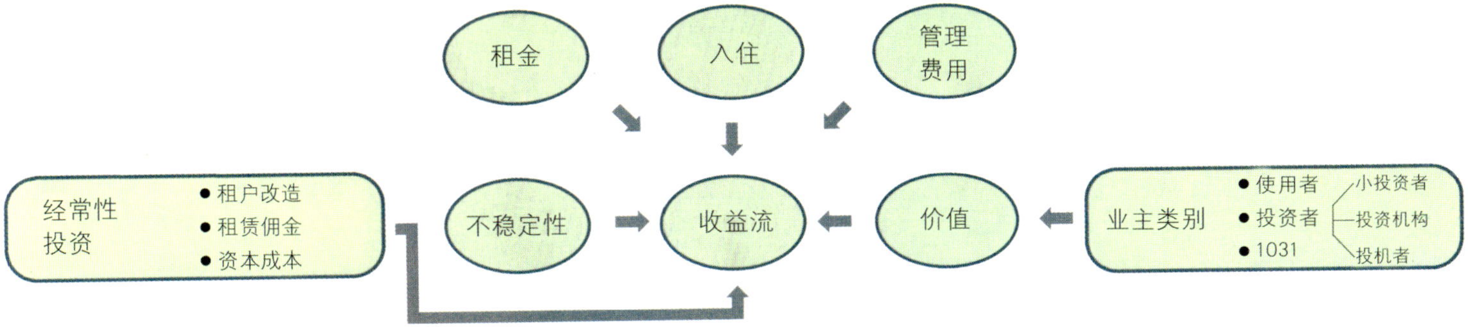

仓储配送建筑

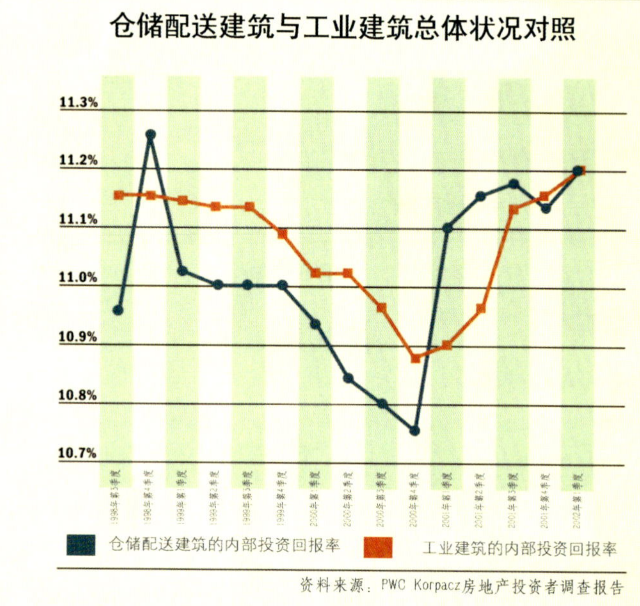

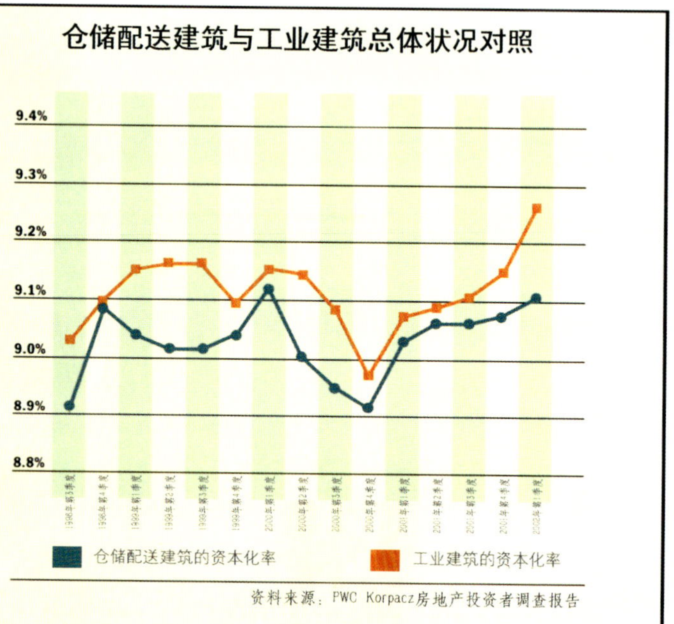

由于仓储配送建筑所占市场份额很大，所以它们的历史统计资料非常完备。附图显示的是仓储配送建筑在 1998 年第 3 季度到 2002 年第 1 季度间的投资效益。如果按内部收益率计算，仓储配送建筑的平均投资收益低于工业房地产的总体收益水平。1998 年底和 2001 年前三个季度除外，那时房地产市场受到了经济环境和可用资本的影响。但总体而言，仓储配送建筑仍是低风险投资。同期这种建筑类型的总体资本化率一直低于工业房地产的总体资本化率，这进一步证实了对它的低风险的认识。

仓储配送建筑的平均租金水平要低于其他 5 大类工业建筑。尤其是对于大型仓储建筑和区域仓储建筑而言，低租金更为普遍。由于建设一个适应典型租户的这些建筑所需投资比较少，因而也只能得到较低的租金。而更专门化的冷藏配送设施所需的总体投资较多，所以租金也较高。

由于仓储配送建筑的翻新成本较低，易于重租，所以租户也很容易转移到租金更低的不同建筑中去。正因为此，仓储配送建筑（货架式仓储建筑除外）都是适应性强，容易替代，对价格敏感，这使得租金保持在低水平。而货架式仓储建筑由于规模庞大，货物容量大，很少有重租的现象。

制造类建筑

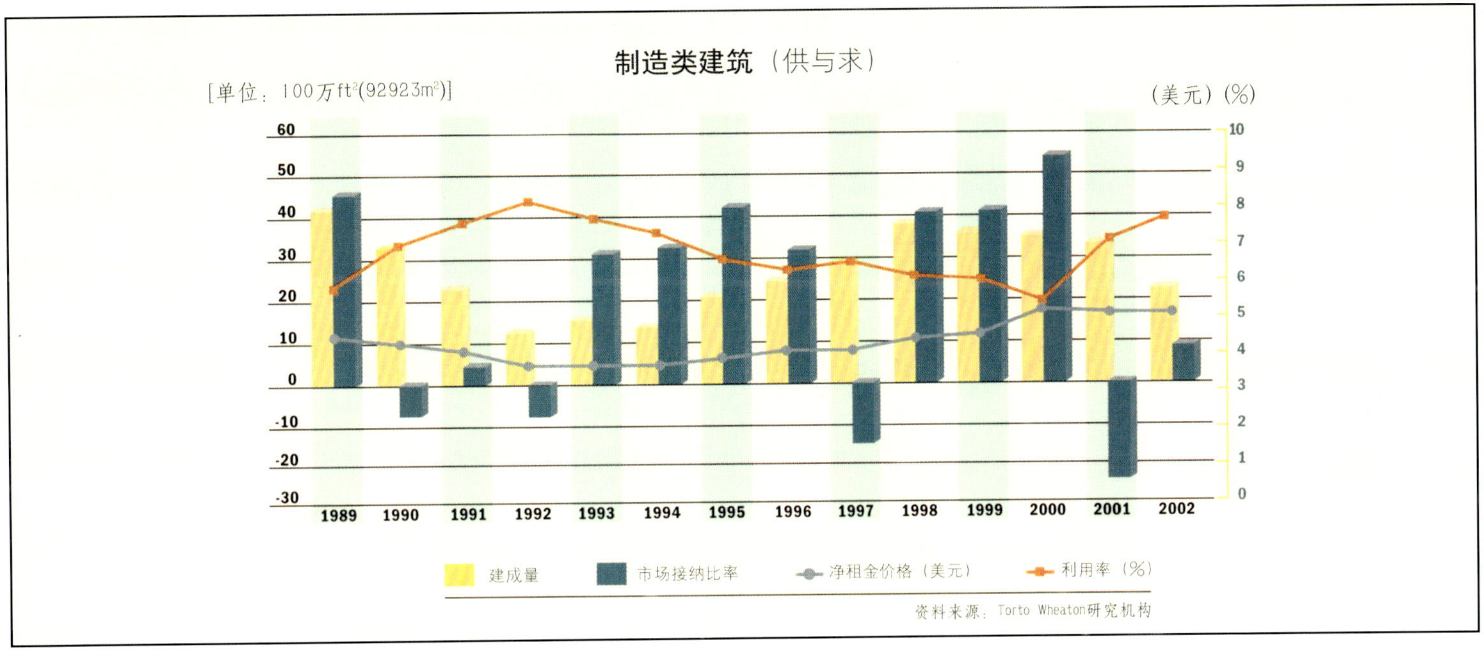

虽然制造类建筑在历史上就已经被分类和研究，但由于这种建筑多数由业主自己使用，所以它们可用的收益和投资效益的资料比较少。它们的业主就是建筑的使用者，他们对建筑的评估和投资者是不同的，这就使问题复杂化了。

与此相反，制造类建筑的供需资料倒是非常充足。附图显示的是 1989 ～ 2002 年间制造类建筑的建成量和市场接纳比率的情况。1992 ～ 2000 年间，全美国制造类建筑的可用率除了在 1997 年小有上升外，一直下降。此后，建设速度快于市场接纳的速度。2001 年，由于制造业衰退，市场接纳比率变成了负值，2000 年底把可用率推回到了 1993 年的水平。

该图表没有表达出制造类设施在美国国内市场份额正在下降这一趋势。这种趋势源自为了使用廉价的劳动力以获取更大的利润，越来越多的美国工厂搬向了国外。1992 ～ 2001 年，美国制造类建筑的总平方英尺数只上升了 8.2%。相比之下，仓储配送建筑和柔性型建筑的平方英尺数分别上升了 20.1% 和 21.3%。

制造类建筑的租户改造投资高于仓储配送建筑，低于柔性型建筑，这种投资不但增加了平均租金，而且增加了翻新成本，所以这也对总体风险有一定影响。但是由于租户转移成本高，制造类建筑的租户保持率较高，租赁时间也长一些。

柔性型建筑

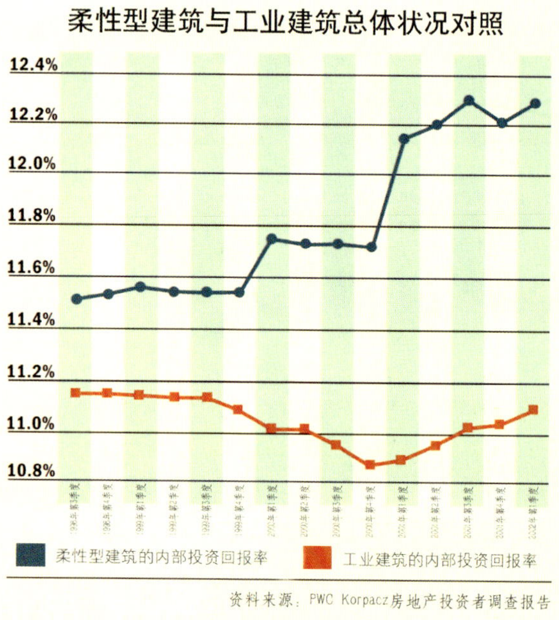

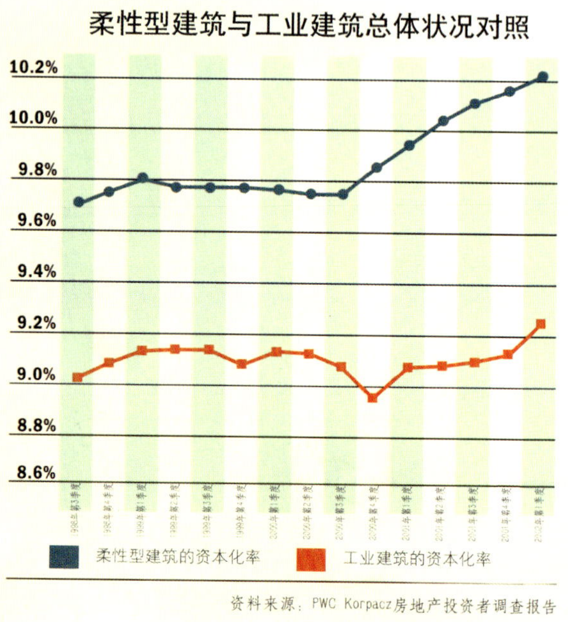

柔性型建筑、仓储配送建筑和制造类建筑都是研究最为广泛的工业房地产类型。柔性型建筑由投资者拥有的情况更为常见，因而也有了更好的投资和效益的资料。附图显示的是柔性型建筑在 1998 年第 3 季度至 2002 年第 1 季度间的投资效益。从这里可以看出两个明显的趋势。第一是柔性型建筑的投资收益率高于工业房地产的平均收益率；第二是柔性型建筑的投资效益也在随时间发生变化。1999 年柔性型建筑的内部收益率和整个工业房地产的内部收益率之间的差距比 1997 年低 38 个基点，比 2001 年也低 38 个基点。另一个图表显示的是资本化率的情况，它也进一步证实了柔性型建筑的投资效益高于平均水平。

柔性型建筑的高投资收益来自其高风险，但这种风险水平也在随时间发生变化。2000 年和 2001 年上半年投资收益的上升也反映出投资风险水平的变化。2000 年柔性型建筑日益变成了那些起步公司和“.com”公司的廉价办公楼替代品。这些企业一般信用等级低或没有信用等级，这种高风险导致它们要求更高的投资收益。柔性型建筑与仓储配送建筑和制造类建筑相比，每平方英尺所需的投资较多，因而风险也更大。柔性型建筑位于高收入地区，那里地价高昂，所用的材料也更加高级和昂贵，这必然导致高投资。此外，租户改造投资所需资金也更多，特别是研发柔性型建筑。

多户租赁建筑

多户租赁建筑与工业建筑市场对照

2001年中期利用率

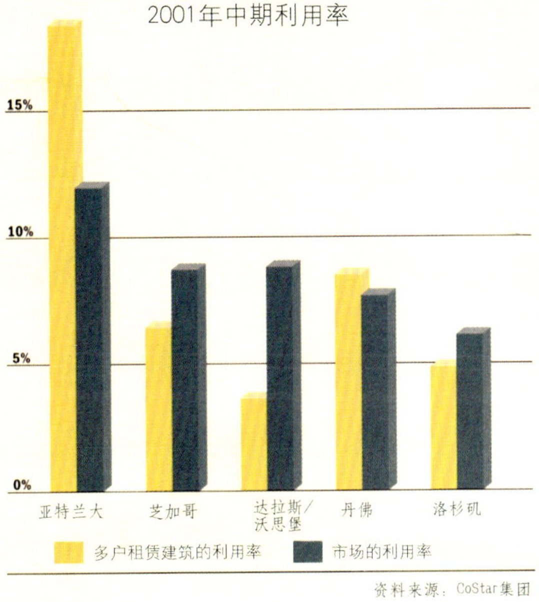

多户租赁建筑与工业建筑市场对照

2001年中期总体租金价格

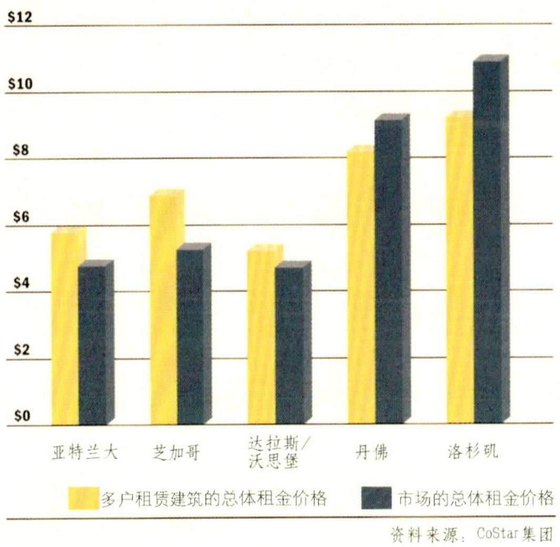

多户租赁建筑在历史上并未被划分为单独的建筑类型，所以缺乏投资和市场的历史资料。附图显示的是5个主要工业房地产市场上多户租赁建筑的可用率和租金的情况。这种建筑在亚特兰大和丹佛两个市场上的可用率高于工业房地产的总体可用率，但在芝加哥、达拉斯和洛杉矶三个市场上则低于总体可用率。从总体上看，多户租赁建筑在2001年第2季度的可用率是7.4%，比5大市场工业房地产的总体可用率8.5%低110个基点。多户租赁建筑的平均租金要价稍高于所有工业建筑的总体租金要价。在各大类工业建筑中，多户租赁建筑的租金高于仓储配送建筑，但低于柔性型建筑。

多户租赁建筑的租户改造投资水平较高，足以使其不被归入商品一类，但仍不足以阻止租户转移。它的翻新成本和重租的困难度中等。这些因素导致了多户租赁建筑的投资收益率高于大型仓储建筑而低于研发柔性型建筑。

货运建筑

货运站和空港建筑主要由业主自己使用，因而缺乏可用的资料。现有的货运建筑数量较少也导致数据价值不足和租金资料缺乏。由于这些原因，货运建筑没有全国性的收益和市场资料。但是，仍然可以对影响这种建筑类型的投资效益的因素进行一般的分析。

货运站的典型租户是货车运输公司。这些租户一般信用等级较低，因而导致了高风险和高资本化率。货运站的资本化率一般在10% ～ 13% 之间。在芝加哥和洛杉矶等主要市场上，这个比率要低一些；而在存在投机者租赁的二级和三级市场上，这个比率则高一些。

货运站和空港建筑一般是为特殊用途而设计的，这使得它们不经重大修葺即可进行翻新的可行度降低。反过来这也使得这种建筑的重租机会受到更多的限制。

货运建筑的市场特征非常独特。它们的租金报价和总体评价是根据货物进出的大门数来进行的，而不是根据平方英尺数来计算，尤其是货运站。由于评价的方式不同，很难将这些市场统计数据和其他 5 大类建筑进行对比。虽然根据货物进出的大门数计算的租金和评价可以转换为根据平方英尺数计算，但这种转换的意义不大，因为它们一开始就是根据货物进出的大门数计算的。

数据转接中心

由于数据转接中心是一种全新的工业房地产类别，所以它的全国性的有关投资和效益的历史资料很少。但是，这种建筑有一个独特的特征，那就是它们可用率的二次性。这种建筑的初始租户被称为数据仓储公司。这些租户再将单独隔间租给其他公司。所有数据转接中心最初被租赁出去后，还可以进行转租。由于它的这种二次可用率，很难预测它的未来需求。

从数据转接中心的投资前景来看，由于它刚刚出现，还没有一个高效的市场。2000 年的市场是业主市场，因为一般租户对设备的投资远远高于对租金的支出，这使得业主实际上可以按自己的要价定租金。特别是如果业主能够立即满足租户紧张的时间表安排的话就更是如此。2001 年的情况完全不同。电信市场和金融市场一起经历了重大的变动。事实上，许多数据仓储公司已经消失，留下了空置的建筑。这种程度的变动也是市场低效的一种反映。

一般而言，数据转接中心的租户改造投资在所有工业房地产类别中是最高的。而且多数数据转接中心的租户都是没有信用等级的新公司。它们被认为是高风险的公司，因而也要求高收益。随着时间的推移，该市场的效率将逐渐提高，投资收益也将稳定下来。但是数据转接中心仍是工业房地产类别中投资风险最高的一种，因而也要求最高的收益。

供应链

供应链

供应链是工业房地产的一个组成部分，其作用就是实现货物从开始到最终环节的流通。简单地说，供应链就是满足顾客货物需求的一系列活动。货物要抵达消费者需要经历制造（生产）、储存，以及最终的销售（配送）诸环节，因而生产、储存和配送就构成了供应链的三个环节，每一个环节都需要特殊类型的工业房地产。供应链的最末一环配送还需要零售组成部分。理解供应链的概念对于划分工业房地产类型非常重要，因为它解释了为什么会存在不同的工业建筑种类，它们如何作用和互动，以及它们将如何演变。

附图显示的是传统的工业供应链，它包括三个环节：货物的生产、储存和配送。工厂图标代表货物的生产；仓库图标代表它们的储存；房屋表示消费者。将单个图标连接起来的线表示这些货物的流通。在货物到达消费者之前的供应链只描述了两种工业建筑类型：制造类建筑和仓储配送建筑。

很难构筑一种包含所有工业建筑类别的供应链示意图。不同行业的供应链会使用不同的房地产类型。并不是每种房地产类型在所有行业的供应链中只发挥一种作用。例如，家具厂商在生产和配送过程中无需冷藏配送设施。而在复杂行业的供应链中却必须用到多种工业房地产。大型仓储设施储存和配送多种原料、中间产品和成品，可能位于图中表示不同生产阶段的每栏工厂之间。重型配送建筑、货运站和空港建筑等配送建筑和货运建筑也是一样，货物一般在那里进行分类、储存和配送。它们可能位于图中表示局部组装生产的工厂栏和表示最终组装生产的工厂栏之间。

传统工业供应链示意图

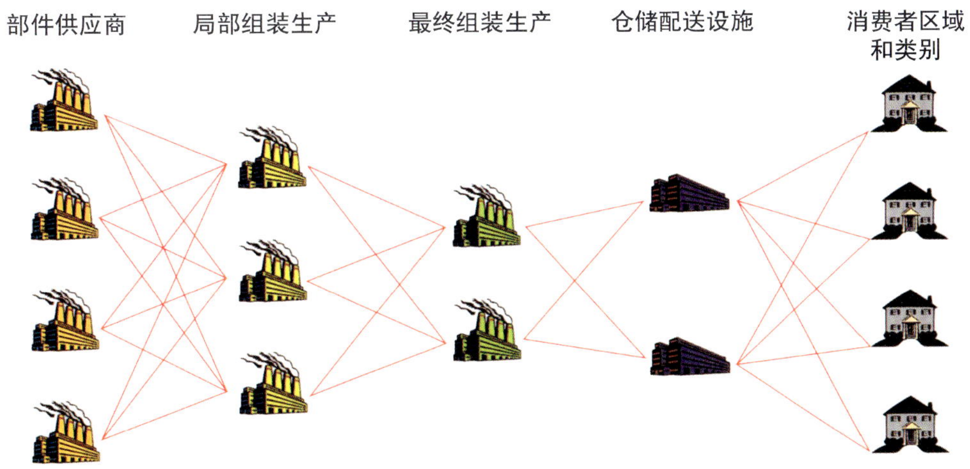

供应链

此外，上页图所示的三个工厂栏都能被进一步细分为多种相互作用的制造类建筑和仓储配送建筑，它们相互协作，共同完成货物的生产阶段。更为直观的供应链示意图会更加集中于它的三个环节，即生产、储存和配送。本页图将 12 种工业房地产子类和 2 种未细分的大类整合于供应链的生产、储存和配送三个环节中。

有些工业房地产类别只适合完成单一环节的任务，而其他房地产类型的物理特征非常灵活，足以完成多个环节的任务。譬如货运站的唯一功能是货物运输。大型仓储建筑则能储存和配送货物。而在多户租赁建筑这类建筑中可以完成生产、储存和配送这三种功能。工业房地产类别的 6 个大类和 12 个子类都能整合入供应链的三种基本功能，这解释了在分类系统中需要划分如此多的建筑类型的原因。

数据转接中心在本页图中位于单独的圈中。这种全新的工业建筑类别非常独特，不参与生产、储存或配送中的任何一环。它们为企业提供信息技术网络支持，这是现代工业房地产供应链中出现的一种新功能。

供应链中的工业房地产类别

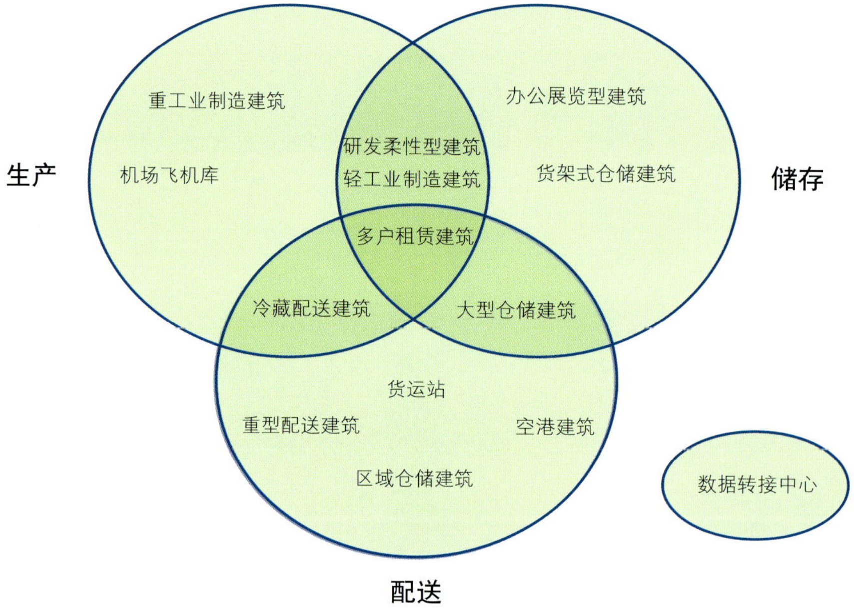

供应链

现代工业房地产供应链正在发生演变。事实上有两个主要的趋势：① 公司把越多的注意力集中在自己的核心能力或专业化业务方面；② 在建筑内部整合多种功能。

在第一个趋势方面，公司正在摒弃那种自己拥有和进行所有活动的由始至终的线性组合，而逐渐向辐射型或协作型的组合靠拢，在这种过程中，它们只集中于自己的专业化工作方面，原料向外部采购。尽管这种趋势对某一供应链内单个建筑的所有权产生了影响，但实际的供应链并未发生变化。譬如福特汽车公司分离出 Visteon 公司时，一些制造厂的所有权由福特名下划到了 Visteon，但这些工厂并未脱离福特的供应链；只不过它们也参与到新公司的供应链中去了。所以，辐射型组合的演进趋势并未影响到工业房地产的生存。下图显示的是传统线性供应链和正在发展的协作型供应链。

线性供应链

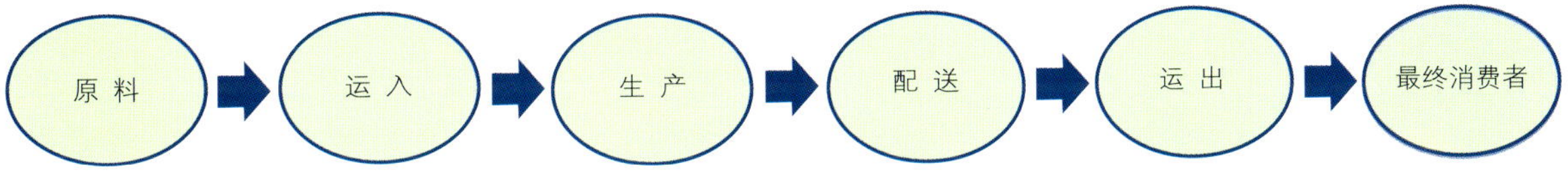

协作型供应链

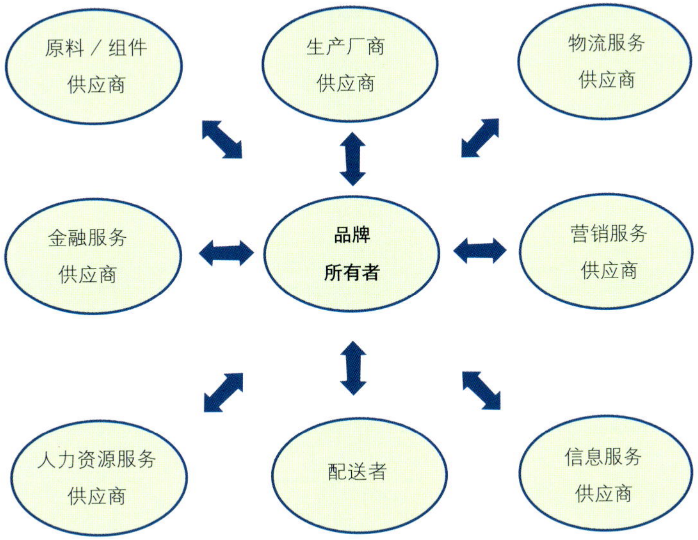

供应链

供应链演变的第二个趋势是在同一栋工业建筑中整合多个环节，以减少总成本。戴尔计算机公司将传统的仓库转化为集产品组装和直销货物于一身的建筑，它整合了生产、仓储和配送三个环节，因而无需两种独立的工业建筑类别，即生产工厂和仓储配送建筑。如果用120页图来分析这个例子，一个典型的大型仓储建筑应该划分在储存单元和配送圈交集内。但是戴尔计算机公司整合了这三个环节，将其插入了生产、储存和配送三个圈的交集中。

供应链的演进是否会影响到工业房地产未来的分类方法呢？它应该不会影响到根据物理特征对工业房地产进行分类的方法。出于降低成本的考虑，一些物理特征兼容的工业生产环节可能会整合到有着相似物理特征的建筑中去。譬如，轻工业制造活动可能和大型仓储或重型配送活动整合起来，在同一栋建筑内部进行，因为提供这些功能的建筑在物理特征上是相似的，只有几个区别特征。但是，有些是不能整合的，如重工业制造建筑和研发柔性型建筑。前者规模庞大，适合重工业生产。后者有独特的类似办公室的氛围，有清洁的环境。此外，如果工业建筑类型的分类范围由于技术进步或供应链的演进而发生了扩展，建筑的物理特征仍然可用作分类的依据。例如，技术的进步导致了现代仓储配送建筑的顶棚高度上升。在以物理特征为依据的分类过程中，扩展顶棚高度的范围后，这些建筑仍然非常适合仓储配送建筑这种建筑大类的特征。

总之，工业房地产是供应链管理中至关重要的一个组成部分。生产、储存和配送是工业房地产的三个主要用途。货物必须经过生产、储存和配送才能到达消费者。实现这些功能需要不同的特定工业建筑，这导致了不同工业房地产类别的存在，也使得以物理特征为依据的工业房地产分类法获得了合理性。供应链管理的进步正在导致特定建筑类型的用途和特征发生变化。扩展定义范围后，以物理特征为依据的分类系统仍然能够很好地适应这些变化。

术语表

术语表

市场接纳（Absorption）：已用空间的变化。

安培（Ampere）：电流单位，等于 1V 电压作用于 1Ω 电阻时产生的电流。

附属区别特征（Ancillary differentiating feature）：同种工业建筑类型中常见的特征，但不一定出现。如重型配送建筑一般设有拖车停车场，但不一定设有。

可用率（Availability rate）：可用的空间与现有总面积之比。

可用空间（Availability space）：可以占用的空间。包括闲置空间、待售空间和到报表期限末将闲置的空间。

平均家庭收入（Average household income）：所有已得收益（工资、薪酬、附加福利、利润、租金、利息等）和转移收益（社会保障、失业救济、福利）减去付给政府的社会保险税后的平均数。

蓝领工人（Blue-collar worker）：赚工资的工人，尤指从事体力劳动，需要穿工作服工作的人。

按需建造 [Build-to-suit(BTS)]：业主按租赁者的要求建造或改造一栋房子。

资本化率（Cap rate）：按所有现金交易计算的初步收益率。

核心区别特征（Core differentiating feature）：一种在同一类所有工业建筑中均有的特征（例如，在货运站通常有几个装卸台）。

相关度（Correlation）：两种参数之间的关系。

交叉货物装卸台（Cross dock）：沿两面相互平行的墙排开的货物装卸台。

"路边感觉"（Curb appeal）：建筑物的物理外观，受周围景观、建筑材料、外部道路等因素影响。研发柔性型建筑的"路边感觉"是工业设施中最佳的，重工业制造建筑的"路边感觉"最差。

货车进出大门（Drive-in door）：卡车进出建筑物装卸货物的大门。

外部特征（Exterior features）：从外观划分建筑的主要物理特征，如建筑物大小、占地率、货物装卸能力、汽车和拖车停车场等。

外部装卸台（Exterior loading dock）：建筑外部的装卸台，卡车可以停在那儿进行装卸。

地板水平度（Floor levelness）：地板的平整程度，它是与高顶棚建筑有关的一个重要参数。

地板承重度（Floor load）：假设地板承重均匀，平均每平方英尺地板所能承载的最大重量，以磅计算。

高电力要求（Heavy power）：用来指电力要求高于平均水平的建筑（如制造类建筑等）的一个术语。

暖通空调（HVAC）：供暖、通风和空调。

术语表

收益评估（Income valuation）：根据一处房产预期收益流的现有价值估算房产价值。

内部特征（Interior features）：从内部划分建筑类型的主要物理特征，如顶棚高度、空间建设、电力要求、地板承重等。

内部装卸台（Interior loading dock）：位于建筑物内部的货物装卸台，卡车停靠在这里进行货物装卸。

联合货物运输（Intermodal freight forwarding）：从一种运输方式到另一种运输方式的货物运输，如从卡车到飞机。

内部收益率 [Internal rate of return（IRR）]：年度末综合计算的所有现金交易的贴现率。

纵向整合（垂直整合）[Linear integration(Vertical integration)]：操控从原料处理到货物销售到最终用户这一供应链中几个不同的环节或通常前后衔接的几个环节。

管理费用（Management expense）：管理物业所需的费用。

中间层办公室（Mezzanine office）：位于中间层的办公室建设，通常与底层面积不同。

北美工业房地产分类系统 [North American Industrial Classification System(NAICS)]：按照建筑物内部所进行的活动划分建筑类型的方法；其目的是为了便于数据资料的搜集、制表、表示和分析，以及促进美国、加拿大和墨西哥各政府机构搜集的统计数据的统一性和可比性。

入住率（Occupancy rate）：入住空间和现有全部空间之比。

序数（Ordinal numbers）：表示顺序或位置而不是表示价值或量的数字系统。

业主自住建筑（Owner-occupied）：有建筑物的业主自己居住使用的建筑。

停车场最低水平（Parking requirement）：租户要求的最低停车空间，通常以每 1000 平方英尺面积车位数表示 [如 1000ft^2(92.9m^2)1 个车位]。

主类别（Primary category）：根据货物装卸能力和空间建设等主要物理特征划分的建筑类别，其中包含某些工业建筑子类。

辐射型整合（Radial integration）：操控供应链核心运作和外源支撑运作。

经常性投资（Recurring investment）：为了出租、租户改造和租户代理的目的对建筑进行的经常性投资、维护和基建投资。

翻新成本（Retrofit costs）：为获得重租而修缮、现代化和改造某一房产所需的费用。

术语表

子类别（Secondary category）：根据某些更为详细的物理特征的特定范围和比率而划分的建筑类别。这些物理特征包括建筑物大小、空间建设、货物装卸能力等。

占地率（Site coverage）：总场地面积中用于实际建筑的面积所占的百分比，常以百分比或比率表示。50% 或 1/2 的占地率表示全部场地的 50% 由实际建筑所占用。剩余的 50% 的面积通常用于卡车停车场、汽车位、拖车位以及环境美化。

空间建设（Space buildout）：对建筑物空间的实际安排。工业建筑的重要空间类型包括仓储空间、制造/组装空间、修理空间、实验室/高科技空间和办公室。

供应链（Supply chain）：获得原料、将原料转换成半成品或成品并销往消费者的设施和配送方式所组成的网络。服务业和制造业中均存在供应链，但各行业和公司之间供应链复杂程度的差异甚巨。

租户改造余地（Tenant improvement allowance）：为租户根据自己的特殊要求改造和建设所留出的余地。

总零售支出（Total retail spending）：消费者在主要从事零售业的公司购买商品所花的美元总数。

卡车停车场（Truck court）：沿建筑物货物装卸台大门附近的一片区域，包括装卸和卡车作业区。

核保（Underwriting）：估价和验证房产现金流的过程。

伏特（Volt）：电压单位，等于 1A 的电流通过 1Ω 的电阻时所施加的电压。

瓦特（Watt）：电功单位，等于 1A 电流在 1V 电压作用下电路消耗的功率。

分区规划（Zoning）：当地政府对私有土地使用和开发所制定的规章。

内容提要

本书突破了以往通常使用的宽泛的工业房地产划分方法，即仅划分为仓储、制造类和柔性型这几个类别，对6大类、12小类的工业房地产作了全面翔实的描述。

本书通过对内部及外部特征的描述、物理特征、租户以及用地的特质等方面对各种建筑类型进行了介绍，并辅以彩色图片、地图和表格说明了主要市场的位置模式。

本书可供房地产专业人员使用，也可作为高等院校相关专业师生的参考用书。

选题策划：阳 淼 张宝林 E-mail：yangsanshui@vip.sina.com；z_baolin@263.net
责任编辑：阳 淼 张宝林
文字编辑：莫 莉 杨祥福

版权登记号：01-2004-3320

图书在版编目(CIP)数据

工业房地产分类指南：第2版/（美）亚普，（美）西尔克编著；北京联合译盟翻译有限公司译．—北京：中国水利水电出版社：知识产权出版社，2007
（美国房地产开发设计手册系列）
书名原文：Guide to Classifying Industrial Property
ISBN 978-7-5084-4541-0

Ⅰ.工… Ⅱ.①亚… ②西… ③北… Ⅲ.工业建筑—房地产—分类—指南 Ⅳ.F293.3-62

中国版本图书馆CIP数据核字（2007）第048123号

美国房地产开发设计手册系列

工业房地产分类指南（原书第二版）

[美]约翰松·L.亚普 勒内·M.西尔克 编著
北京联合译盟翻译有限公司 译
北京城市节奏科技发展有限公司 中文版策划
中国水利水电出版社 / 知识产权出版社 出版 发行（北京市西城区三里河路6号；电话：010-68331835 68357319 / 北京市海淀区马甸南村1号；电话、传真：010-82000893）
北京科水图书销售中心（零售） 电话：（010）88383994、63202643
全国各地新华书店和相关出版物销售网点经销
北京清木朗曼图文设计有限公司制版
北京鑫丰华彩印有限公司印刷
889mmx1194mm 16开 9印张 200千字
2007年7月第1版 2007年7月第1次印刷
定价：**90.00**元
ISBN 978-7-5084-4541-0

中文版翻译人员

李雅馨 周向军